# Alles, was du wissen solltest, bevor du 16 bist und was du nie in der Schule lernen wirst

Wie man unabhängig ist, sein Äußeres pflegt, Geld verdient und verwaltet, echte Freunde findet und mehr




ISBN - 9798394246432

# Dieses Buch gehört:

# INHALTSANGABE

# Einleitung

Was für ein schönes Leben, oder? Träume, die wahr werden, wichtige Beziehungen, Meer, Sonne, Berge, Schnee! Und die Jugend. Oh, lass uns die Jugend nicht vergessen.
Wie schön, wenn man auf alle Kräfte dieser Welt zählen kann und bereit ist, in ein Abenteuer aufzubrechen, um die tiefsten Meere zu befahren!
Man sagt, die besten Jahre sind die Teenagerjahre, und weißt du was? Es ist wahr, aber... Aber nur halb wahr. Denn das Leben, das wir jeden Tag führen, egal wie alt wir sind, ist wunderbar, und wir haben die heilige Pflicht, das Beste daraus zu machen.

Es gibt jedoch ein Problem, ein Hindernis so groß wie ein Haus, ja sogar so groß wie ein Berg. Kindern, der Zukunft dieser Welt, werden so viele Dinge beigebracht, nur nicht die wichtigsten. Sie werden oft vernachlässigt, mit offensichtlichen Bedenken zurückgelassen und müssen feststellen, dass sie das Leben als Erwachsene angehen, ohne zu wissen, was sie tun sollen, wie sie es tun sollen und vor allem warum sie es tun sollen. Obwohl dies eine häufige Beschwerde ist, ist es gut, nicht zu verzweifeln: Alles kann behoben werden. Und genau das ist das Thema dieses Buches!

Man sagt, dass nur Freunde Klartext reden, also seien wir ehrlich: Es gibt unzählige kleine Geheimnisse (oder große, je nach Sichtweise), die junge Menschen nicht kennen, Eigenschaften und Fakten, die sie vor dem Alter von 16 Jahren lernen müssen, dem perfekten

Alter, um die ersten Schritte in die richtige Richtung zu machen. Die Briten haben einen eigenen Begriff für diese kleinen - wenn wir sie so nennen wollen - Ratschläge geprägt: "Life-Hacks", d.h. Handlungen, die man täglich für einen unbestimmten Zeitraum ausführt und die den Lebensstil derjenigen, die sie ausführen, deutlich verbessern! Kurz gesagt: Wenn wir GTA spielen würden, wären das echte Tricks! Im Gegensatz zu dem berühmten Videospiel ist es jedoch nicht notwendig, die Tasten des Joysticks in einer bestimmten Frequenz zu drücken; es reicht aus, das richtige mentale Gleichgewicht zu finden und jede der Aufgaben zu befolgen, die wir bald sezieren, analysieren und zum Leben erwecken werden. In der Tat: Wie könnte man sie jemals als Life Hacks bezeichnen, als Tricks, die man jeden Tag anwenden kann, ohne konkrete Beispiele dafür zu haben, wie man sie im Alltag umsetzt? Das wäre so, als würde man einen Berg besteigen wollen, nachdem man ein Special über Bergsteiger gesehen hat! Es wäre einfach nicht machbar, oder?

Jeder der Tipps und Lektionen (oder wie auch immer du sie nennen willst) in diesem Text ist alles andere als unmöglich umzusetzen. Dennoch ist es nur fair, eine kleine Anmerkung zu machen und ein Detail zu erklären, das man besser nicht auslassen sollte. Am Anfang, wenn du anfängst, die Dinge in den Griff zu bekommen und dir klar wird, dass dein junges Alter nichts weiter als ein zusätzlicher Grund ist, dich zu verbessern, hast du vielleicht etwas Mühe, das Tempo zu halten. Leider sind die Jugendlichen von heute stark davon beeinflusst, wie schön Entspannung und Prokrastination sind.

*"Oh, heute ist ein guter Tag! Ich muss meine ganze freie Zeit mit Nichtstun verbringen! Ich will nicht müde werden!"*

Ein bisschen paraphrasiert? Vielleicht, aber die Kernaussage ist doch verständlich, oder? Warum sollte man sich für einen lethargischen Lebensstil entscheiden, wenn man die freien Stunden nutzen kann, um zu lernen und sich in vielen Bereichen zu verbessern? Tatsache ist, dass die Menschen die Kunst des Lernens oft mit einem stumpfsinnigen, hirnmüden Studium verwechseln. Nein, das ist es nicht!

Denn es ist möglich, mit Hingabe und Willenskraft zu lernen und exponentielle Ergebnisse zu erzielen. Etwas Wichtiges für sich selbst zu tun, kann und SOLLTE NICHT als eine Handlung oder eine Gruppe von Handlungen mystifiziert werden, die nur Zeit verschwendet und den Spaß einschränkt. Die Botschaft, die zu dem jungen Menschen durchdringen muss, der sich auf den Weg durch die Turbulenzen des Lebens macht, ist klar und unmissverständlich: Du kannst wirklich werden, wer immer du sein willst, aber du musst dich jetzt anstrengen!

Sich um sich selbst kümmern, vorausschauend sein, damit die eigene Zukunft rosig ist... Das sind nur zwei der Faktoren, die schnell entdeckt werden können und nichts Langweiliges an sich haben. Sie umzusetzen erfordert keine besonderen Opfer, denn es wäre möglich, mit Freunden auszugehen, Spaß zu haben, Beziehungen zu erleben und alles andere Positive, das es im Leben eines Jungen oder eines Mädchens geben kann.

Es wäre schön, all das tun zu können und gleichzeitig den besten Weg einzuschlagen, oder?

Nicht nur "wäre", sondern "ist" wirklich schön! Ein weiteres Adjektiv, das du in Betracht ziehen solltest, ist das folgende: Je mehr du an dir selbst, deinem Aussehen und deinen Fähigkeiten arbeitest, desto mehr Menschen um dich herum werden eine gewisse Anziehungskraft spüren.

Am besten lässt sich das mit einem sehr kurzen - und prägnanten - Beispiel erklären.

Ein junger Mensch, der an sich arbeitet, der ständig lernt, der zu schätzen weiß, was er hat, und der sich darauf konzentriert, seine Ziele zu erreichen, wird ein nicht unerhebliches Selbstbewusstsein entwickeln, das sich bei zahlreichen Gelegenheiten bemerkbar machen wird. Und das soll heißen...

Ta-da! Viele Menschen werden sich von seiner Persönlichkeit angezogen fühlen und versuchen, ihm zu folgen oder nachzueifern.

Auf diese Weise entsteht ein Gewinnerkreis, der auf soliden Prinzipien beruht.

PEs mag seltsam erscheinen, mit einem Jungen von 16 Jahren (oder noch jünger) über diese Dinge zu sprechen. Es stimmt, dass man in diesem Alter ein bisschen unreif ist, aber man sollte eine der Grundlagen nicht vergessen, die das Leben zu einer einzigartigen und spektakulären Reise machen.

Ein Mensch fängt schon in der Jugend an, sich richtig zu entwickeln. Das heißt, wenn er sich gesunde Gewohnheiten und eine gesunde Denkweise aneignet, kann er in jedem Bereich, den er sich wünscht, glänzen. Wenn du die Ratschläge, die du in diesem Buch findest, gründlich liest und sie wie einen Schatz behandelst, kann das Leben eines Teenagers, der nicht die richtige Erziehung von den richtigen Leuten bekommt, wirklich besser werden.

Das Leben besteht nicht nur aus Geometrie, Mathematik, Chemie und Regeln, die man an der Schulbank lernt. So nützlich diese Fächer und Methoden auch sind, es ist auch wichtig, sich selbständig und in einem anderen Ton aufzubauen, also akademische und streng persönliche Bildung zu kombinieren, die auf die Verbesserung der Person in all ihren Aspekten abzielt.

1. Diszipliniert sein

2. Lernen mit Schwierigkeiten umzugehen

3. Entwickle ein starkes Selbstwertgefühl

4. Die Kunst der Kommunikation lernen

5. Sich um sein Aussehen kümmern

6. Wertschätzung Freundschaften

7. Den richtigen Lieben Bedeutung geben

8. Lerne zu verdienen

9. Geld verwalten

10. Sei unabhängig

Das sind die Dreh- und Angelpunkte, die einen Menschen auf dem Höhepunkt seiner Kräfte formen und ihn unverwechselbar machen, d.h. jemanden, der sich nicht dem Pöbel anschließt, einen Menschen, der lieber dorthin fliegt, wo er denkt, dass er hingeht, als den Absichten einer dritten Partei zu folgen und so am falschen Ort zu landen, weit weg von dem, was er tun und sein wollte.

Die Apple-Zeit ist vielleicht noch nicht vorbei, aber.... Jetzt wird es ernst.

# Diszipliniert sein

"Mangelnde Disziplin ist ein schlimmeres Übel als mangelnde Kultur".

So hat Immanuel Kant einmal gesagt.

Für viele ist mangelnde Disziplin gleichbedeutend mit Unhöflichkeit. Ein Kind, das zum Beispiel an einem öffentlichen Ort mehr Unordnung macht als der Grinch an Weihnachten, gilt allgemein als undiszipliniert. Wie wahr diese Einschätzung auch sein mag, es muss klargestellt werden, dass Disziplin nicht nur mit der Erziehung eines Menschen übereinstimmt, sondern auch mit der Art und Weise, wie er oder sie den Alltag angeht.
Kann man eine Person, die versucht, abzunehmen, und statt die Diät einzuhalten, ständig abweicht, als diszipliniert bezeichnen?
Die Antwort ist... Ganz und gar nicht. Wenn wir dieser "Fähigkeit" irgendwie ein Gesicht geben wollten, hätte sie sicherlich das Gesicht von jemandem, der sich nicht aufregt oder in Versuchung gerät, der seine emotionalen Fähigkeiten voll im Griff hat. Es ist absolut verständlich, dass ein junger Mensch den verschiedenen Versuchungen widersteht, die ihn vom richtigen Handeln ablenken könnten! Deshalb sollten Erzieher/innen, Betreuer/innen und Eltern jungen Menschen klar machen, dass es unglaubliche Auswirkungen auf ihre Psyche und ihr Leben haben kann, wenn sie von Anfang an einen klaren Kopf behalten.

Leider gelingt es einem nicht immer, die richtige Botschaft zu verbreiten... Es ist gut, dass man als Teenager oder zumindest als junger Mensch alle Unzulänglichkeiten durch vielleicht harte, aber äußerst nützliche Zeiten wettmachen kann. Dann bleibt nur noch, der Sache auf den Grund zu gehen und herauszufinden, wie man Disziplin in seinen Alltag aufnehmen kann.

## Ah! Ein bisschen Zeit allein

Niemand wird geboren, um alles zu können; Rom wurde nicht an einem Tag erbaut.... Und so weiter. Sprichwörter, so überflüssig sie auch sein mögen, entsprechen oft der Realität der Tatsachen. Um als junger Mensch gut vorbereitet und diszipliniert auf seine Ziele zuzugehen, muss man sie erst einmal festlegen!

Und eine der Möglichkeiten, sich auf sie zu konzentrieren, ist, mehr Zeit mit sich selbst zu verbringen. Der Titel des Unterkapitels könnte in die Irre führen, aber eine tiefere Analyse würde den Faktor sicherlich im Detail erklären.

Allzu oft assoziieren Menschen Einsamkeit mit einem Zustand des endlosen Herumirrens, aber die Wahrheit ist, dass nicht jeder so gequält ist wie Guts aus Berserk! Sich etwas Zeit allein zu gönnen, ist kein Weltuntergang, im Gegenteil: Es ermöglicht einem, sich selbst besser kennenzulernen und den richtigen Halt zu finden, wenn man Antworten braucht. Es ist legitim, manchmal Zweifel zu haben, und deshalb ist es wichtig, sich etwas Zeit für sich selbst zu nehmen!

Jungen Menschen wird beigebracht, dass das Alleinsein ein Drama, ein Problem ist, aber versuchen wir doch mal, einen Moment nachzudenken und uns zu fragen: Wissen junge Menschen, die sich nicht kennen, wie es weitergehen soll? Wer weiß das schon?

**Es ist gar nicht so schwer, unter den Umständen, die man für angemessen hält, "Nein" zu sagen.** Um eine bessere Erkenntnis darüber zu erlangen, wer du bist, könntest du dies einfach tun:

Ein Wochenende mit Freunden verbringen

→

Verbringe einen direkten Blick auf deine Stärken

Wenn du sie gefunden hast (das kann sicherlich einige Zeit dauern), wäre es sinnvoll, im Wechsel mit zwischenmenschlichen Beziehungen an ihnen zu arbeiten. Ist das schwierig? Vielleicht, aber genau darin liegt das Schöne. Obwohl es an sich eine Aktion ist, die keine große körperliche oder geistige Anstrengung erfordert, ist es verständlich, dass sich ein Teenager wie du anfangs entfremdet fühlt.

Es ist jedoch ein Gefühl, das bald vergehen wird, denn du wirst so viele Adjektive über dich entdecken, von denen du vorher keine Ahnung hattest!

Besitzt man ein Talent zum Schreiben? Oder vielleicht für Kunst? Vielleicht hat man eine Leidenschaft für Biologie, Zoologie, Paläontologie, Archäologie, Computerwissenschaften ...? Oder strebt man vielleicht danach, den Himmel mit einem Finger zu berühren? Leider ist die Welt voll von talentierten Jugendlichen, die sich ihrer Fähigkeiten nicht bewusst sind! Sobald sie erwachsen sind, schlagen sie einen Weg ein, der nichts für sie ist, und es ist vielleicht schon zu spät, wenn sie sich entscheiden, etwas zu ändern.

In letzter Zeit passiert in Italien etwas, das es so noch nie gegeben hat oder zumindest noch nie so deutlich zu sehen war. Immer mehr junge Menschen im Alter zwischen 20 und 35 Jahren verlassen ihren derzeitigen Arbeitsplatz, um eine andere Karriere zu verfolgen. Man könnte meinen, dass es sich dabei um ein Geldmotiv handelt.... Das ist aber gar nicht der Fall! Zumindest für die meisten von ihnen, denn es wird immer den Arbeitgeber geben, der für 60 Stunden pro Woche eine Aufwandsentschädigung am Ende des Monats anbietet und dann erklärt, dass die junge Generation nicht arbeiten will.

*Aber das ist ein anderes Thema.*

Der Grund, warum all diese Leute so drastische Entscheidungen treffen, liegt in ihrem Glück begründet. Sie sind mit ihrem derzeitigen Job nicht zufrieden und entscheiden sich für eine exponentielle Veränderung. OK, OK, das ist eine gute Sache und wir wünschen ihnen alles Gute; eine Frage stellt sich jedoch: Warum haben sie das so spät erkannt? Vielleicht haben sie sogar ein Studium absolviert, um einen Abschluss zu machen, und sich dann doch für etwas anderes entschieden!

Einfache Antwort: Sie haben sich selbst nicht gut genug gekannt. Niemand hat ihnen beigebracht, dass man bestimmte Entscheidungen mit dem Kopf und dem Herzen treffen muss und nicht nur, um jemandem zu gefallen oder weil man glaubt, man sei gut in einem bestimmten Fach.

Ist es wirklich so schwer, ein oder zwei Wochenenden im Monat zu Hause zu bleiben?

Unmöglich.

## Kleine Schritte - kleine Ziele

Hast du vor, den höchsten Berg der Welt zu besteigen? Wunderbar, hervorragend, fantastisch... Großartig! Hier wäre es allerdings besser, wenn du versuchen würdest, den Berg im Dorf zu besteigen, bevor du dir den Everest oder den K2 oder beides zum Ziel setzt. Ein Fehler, den angehende Jugendliche machen, ist, dass sie es eilig haben, so eilig!

Du bist auch jung, also wirst du es verstehen: Halte einen Moment inne. Überstürze nichts. Wohin willst du denn so eilig gehen? Halte für einen Moment inne und denke nach. Wie kannst du überhaupt daran denken, plötzlich zu laufen, wenn du nicht einmal gehen kannst? So sehr das Ziel auch beträchtliche Belohnungen bietet und den bevorzugten Lebensstil gewährt, man kann es nicht auf einmal erreichen. Es braucht Zeit.

Wie lange?

Ah, es gibt keine Grenze. Je früher, desto besser, das steht fest.

Wenn man eine bestimmte Einstellung hat und nicht diszipliniert genug ist, wird man immer versucht sein, den Weg der Anstrengung für den der Leichtigkeit aufzugeben. Deshalb ist es gut, sich selbst zu trainieren und diszipliniert zu bleiben, indem man sich einfache Ziele setzt, die man im Laufe des Tages erreichen will. Hier ist ein kurzes und prägnantes Beispiel für Ziele, die du dir setzen kannst:

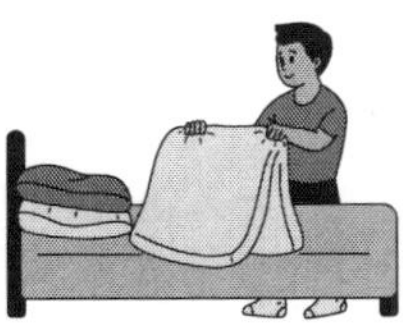

Das Bett machen

Gesundes Essen

Nimm eine Dusche vor dem Frühstück

Schlag dich für den Geschichtstest vor

Wie du siehst, sind das kurzfristige Ziele, die du an einem Tag erreichen kannst.

Oberflächlich betrachtet scheint es nichts Besonderes zu sein, geschweige denn eine Geste, die tatsächlich eine wesentliche Veränderung bewirken würde. Doch der Schein trügt bekanntlich! Das ist ein bisschen so, wie wenn du dich mit einer Person unterhältst, die dir beim ersten Treffen unsympathisch war und sich dann als intelligenter, sympathischer und liebenswerter Mensch entpuppt (oder auch nur als eines dieser Dinge).

Und wenn wir die Fakten wirklich auf den Tisch legen wollen, sollten wir sie auch auf eine wissenschaftliche Ebene stellen. Das Erfüllen von Aufgaben oder täglichen "Verpflichtungen" hilft, die Stimmung hoch zu halten, denn das Gehirn schüttet bei dem WIRKLICHEN Gefühl, einen Erfolg erzielt zu haben, das sogenannte Gute-Laune-Serotonin aus, das unweigerlich die Stimmung derjenigen beruhigt, die es spüren.

Und nicht nur das!

Ja, warum nicht! Sogar ein weiteres Hormon, Testosteron, wird ausgeschüttet, wenn du die umbenannten "täglichen/wöchentlichen/monatlichen Aufgaben" erledigst. Kurz gesagt: Sich seine Ziele vor Augen zu halten und sie täglich zu verwirklichen, **hilft dabei, Selbstwertgefühl, Glück und (vor allem bei Jungen) sogar eine gewisse Männlichkeit zu entwickeln!**

Kaum zu glauben? Nun, es ist immer am besten, die Worte eines Experten zu lesen oder zu hören, nicht wahr? Nun, Dr. Andrew Hauberman, ein bekannter Neurowissenschaftler, spricht in seinen Podcasts oft über dieses Thema. Kürzlich war er sogar bei dem bekannten Psychiater Jordan Peterson zu Gast!

Wenn es nicht ausreicht, deinen Interviews und Aussagen im Internet zu folgen, dann wäre es toll, wenn du dich selbst auf die Probe stellst und anfängst, viele, kleine Aktionen durchzuführen, die unweigerlich zu einer exponentiellen Verbesserung führen werden.

## Den eigenen Fortschritt im Auge behalten

Man kann es leicht und ohne viel Aufhebens zugeben, oder? Man scheitert im Leben! Und dafür sollte man sich nicht schämen. Wenn Menschen nie scheitern würden, könnten sie sich kaum noch als Menschen bezeichnen! Deshalb sollte man sich nicht entmutigen lassen, wenn man seine Ziele vielleicht nicht erreicht, auch wenn man sich viel Mühe gibt! In dem Bestreben, es so systematisch wie möglich zu machen, kann man seine Fortschritte im Auge behalten.

Wenn wir uns in einer Woche 50 Ziele vorgenommen haben und am Ende des Tages die Hälfte oder etwas mehr geschafft haben, ist das in Ordnung. Man ist ja nicht ohne Grund jung, oder? Um schnell aus seinen Fehlern zu lernen und zu verstehen, was man tun muss, um sie nicht zu wiederholen. Diejenigen, die der Argumentation folgen, sind in der Lage zu verstehen, wie sie in einen Fehler geraten sind und vor allem, wie sie sich verhalten müssen, um nicht wieder in dieselbe Falle zu tappen.

Oh, wenn das Leben trügerisch ist!

Manche Menschen können jedoch so schlau sein wie Füchse. Wenn sie einmal einen Fehler gemacht haben, werden sie sich wohl kaum noch einmal angreifbar machen!

Wenn die erste Woche nicht so gelaufen ist wie geplant, ist das kein Problem! Es gibt immer eine nächste, um sich zu verbessern und immer nach dem gewissen Extra zu suchen. Wenn man die Ziele erreicht hat, ist es undenkbar, nicht einen entscheidenden Schritt nach vorne zu machen und eine Grenze anzustreben, die für noch mehr Aufregung sorgt.

Wenn es an der Zeit ist, die eigenen Talente zu testen und zu trainieren, ist es sehr wichtig, **die Situation von einem objektiven Standpunkt aus zu beobachten**. So objektiv wie möglich! Du bist gut im Schreiben und willst deine Leidenschaft in eine bezahlte Arbeit verwandeln?

Prima, dann mach das doch!

Recherchiere, lerne Begriffe, überfliege Informationen, frage Leute, besuche Kurse. Kurz gesagt: Bilde dich so weiter, wie du es für richtig hältst, indem du dir strikt Notizen machst. Auch wenn es lästig erscheinen mag, "Word" oder ein anderes Schreibprogramm zu öffnen und so zu tun, als wäre die Schulzeit nie vorbei, ist es in Wirklichkeit eine riesige Hilfe.

Alles, was wir aufschreiben, bleibt im Gehirn eingeprägt, denn bevor wir etwas als unvergängliche Erinnerung niederschreiben (ohne dass jemand es diktiert), müssen wir es verstehen. Kurz gesagt: Das Verfolgen der eigenen Fortschritte, das Festhalten von Fehlern und richtig gemachten Handlungen hilft auf jeden Fall dabei, ein größeres Bewusstsein dafür zu bekommen, was man tut und wie man es tut.

Man kann nicht ohne Disziplin auskommen und gleichzeitig auffällige Ergebnisse erzielen. Ja, das Glück kann ins Spiel kommen und dir das Leben für eine Weile leichter machen, aber wenn die von der Glücksfee geküsste Zeit zur Erinnerung geworden ist, musst du dich immer noch vorbereiten und dich zu einem standhaften Menschen machen.

Denk darüber nach: Du wärst ein junger und zukunftsorientierter Mensch, im Gegensatz zu so vielen deiner Altersgenossen, die... Nun, wie sollen wir sagen, die lieber auf der faulen Haut liegen, anstatt sich weiter zu entwickeln.

## Eine Übung, die dir dabei helfen wird

Immer mit der Ruhe! Es ist ja nicht so, als wären wir in der Schule! Was du zu tun hast, wird extrem einfach sein, aber gleichzeitig erfordert es das, was die Briten "commitment" nennen, d.h. die Bereitschaft, sich mit Leib und Seele für eine bestimmte Handlung einzusetzen, um ein Ziel zu erreichen.
Wenn du vorhast, dich richtig zu disziplinieren, fang jetzt an.

- **Schreibe die Liste der Ziele auf, die du erreichen willst.**

- **Bring deine Ergebnisse einmal pro Woche auf den neuesten Stand, indem du das Feld an der Seite nutzt und davon ausgehst, dass du alle gesetzten Ziele erreichen wirst.**

- **Am Ende der Woche kreuzt du an, was du erledigt hast, aber nicht, was du nicht erledigt hast.**

Du wirst sehen, dass nur wenige Dinge so befriedigend sind wie das Gefühl, eine Aufgabe für sich selbst geschafft zu haben!

# DEINE ZIELE

| ZIELE | AKTUELL |
|---|---|
| | |
| | |
| | |
| | |
| | |
| | |
| | |
| | |
| | |
| | |
| | |

# Mit Schwierigkeiten umgehen lernen

Hast du schon mal Schiffe versenken gespielt? Wenn nicht, solltest du unbedingt mitspielen! Sogar online, wenn du willst: Es gibt viele Apps, die...

Nein, es geht nicht darum, den Zeitvertreib zu sponsern, den wir vermissen würden, auch wenn er wirklich Spaß macht! Das Ziel des Spiels ist es, eine Herausforderung zu gewinnen, indem du die Schiffe deines Gegners versenkst, bevor er das Gleiche mit deinen macht. Manchmal, wenn viel auf dem Spiel steht und du kurz vor der Niederlage stehst, verrechnest du dich und übersiehst die Positionen der gegnerischen Schiffe. Anspannung, Angst, Fehler zu machen, Druck.... Bei aller Verhältnismäßigkeit scheint es so, als ob Schiffe versenken dem Leben und seinen unberechenbaren Schwierigkeiten sehr ähnlich ist, nicht wahr?

Du wirst sicherlich schon einmal eine schwierige Zeit erlebt haben, genauso wie du es versäumt hast, positiv zu sein und daran zu glauben, dass du diese besondere Situation überwinden kannst.

Es ist verständlich, dass du nicht in der Lage bist, die richtige Ruhe und Klarheit zu finden, vor allem, wenn du so heftig getroffen wirst, dass du aussiehst wie Rocky zwischen den Haken und Uppercuts eines unterlegenen Drachen... Aber mach dir keine Sorgen. Denn wenn die Existenz uns ohne Pause beleidigen darf, dürfen wir uns mit aller Kraft wehren.

## Ein flüchtiger Blick

Weißt du was? Eines der Probleme mit vielen Jungs in deinem Alter ist, dass sie nicht einmal schauen, wohin sie gehen! Da kannst du mir wahrscheinlich zustimmen. Sich ablenken zu lassen, ist nicht das Beste im Leben. Die Welt kann ein unwirtlicher Ort sein, aber sie ist gleichzeitig auch wunderschön und voller Geheimnisse. Warum solltest du dich also nicht mehr mit ihr beschäftigen, wenn du die Gelegenheit dazu hast? Schau dich in Ruhe um, studiere, was passiert und ziehe Schlüsse. Indem du beobachtest, wie sich die Dinge und Menschen bewegen, wirst du dein Urteilsvermögen schärfen und immer komplexere Ideen formulieren.

Hast du schon einmal das Sprichwort "Pass auf, wo du hintrittst" gehört?
Eine der Bedeutungen dieser Redewendung (und wahrscheinlich auch die am meisten unterschätzte) ist, dass sie dich dazu auffordert, deine Umgebung zu verstehen und zu analysieren. Eine solche Herangehensweise trägt wesentlich dazu bei, dass man sich selbst besser kennenlernt und weiß, warum man eine bestimmte Handlung ausführt. Es wird sogar gesagt, dass dies eine der vielen Möglichkeiten ist, zu meditieren! Natürlich könnte das nur ein Gerücht sein, aber in dem Moment, in dem man seine Umgebung kennt, bekommt alles eine tiefere Bedeutung.

Behalte das also im Hinterkopf: Kopf hoch, Bauch rein und versuche, die Details, die sich ständig um dich herum bilden, besser zu verstehen.

## Wir sind denkende Wesen

"Es braucht Ruhe und kaltes Blut".

Ja, das ist der Titel eines bekannten Liedes, aber das bedeutet nicht, dass die Annahme falsch ist, im Gegenteil: Es ist leicht zu verstehen, dass ein echter "Brunnen der Wahrheit" dahinter steckt. In den dunkelsten und aufgewühltesten Momenten die Ruhe zu bewahren, bedeutet, die ganze Situation unter Kontrolle zu haben. Das ist keineswegs einfach, da wir oft instinktiven Reaktionen unterliegen, aber vergiss eines nicht: Als Wesen, die zu komplexem Denken und Einsicht fähig sind, **haben wir die Fähigkeit, effektiv zu argumentieren, auch wenn die Umstände uns daran hindern mögen.**
Merke dir das.

Eines der ersten Dinge, die du tun musst, um einen kühlen Kopf zu bewahren (und das kannst du überall üben), ist das Training von kritischem Denken. Dazu braucht es nicht viel, keine Sorge! Hier ist eine kleine Übung, mit der du dich selbst testen und die ersten Ergebnisse sehen kannst.

Also, ich bitte dich: .... Analysiere die Situation. Verfolge mit deinen Augen, was du interpretieren willst. Am besten konzentrierst du dich auf die Umgebung, aber auch die Bewegungen der Menschen, die Art, wie sie sprechen, der Tonfall ihrer Stimme, können viel darüber aussagen, was passiert. Wenn du an diesem Punkt angelangt bist, wach und geistig rege, was kannst du tun?

Fang einfach an, dir Fragen zu stellen, wie zum Beispiel:

*"Diese Person scheint schnell zu gehen. Ist sie oder er in Eile?".*

Oder du könntest während einer Unterrichtsstunde den Klassentrend und das Verhalten deiner Klassenkameraden analysieren:

*"Warum ist dieser Junge immer allein? Was ist so schlimm an ihm, dass er die Aufmerksamkeit der anderen nicht auf sich zieht?".*

Das stimmt, es sind einfache Fragen, die keine besonderen Vorgaben in der Reihenfolge ihrer Lösung erfordern. Sie helfen jedoch dabei, einen offensichtlichen kritischen Sinn zu entwickeln.

## Atmen: Die Kunst des Stärkeren

*"Na und? Auch Pflanzen atmen!"*

Natürlich, ja. Pflanzen atmen auch. Und wusstest du, dass sie wahrscheinlich auch eine Art von Intelligenz haben? Abgesehen von den Geheimnissen und Mysterien der Welt, hast du schon einmal darüber nachgedacht, wie die Atmung den Gemütszustand eines Menschen beeinflussen kann? Wenn du das nächste Mal unterwegs bist oder ein bestimmtes Ereignis zu Hause oder im Klassenzimmer stattfindet, versuche, auf die Bewegung des Zwerchfells einer anderen Person zu achten.

Natürlich mit absoluter Diskretion.

**Wenn sich eine Person in einem durch eine Emotion veränderten Gemütszustand befindet, wird auch ihre Atmung beeinflusst** und beginnt auf ungewöhnliche Art und Weise zu erfolgen. Das ist eine emotionale und völlig instinktive Reaktion, aber es gibt ein Detail, das vielleicht ganz nützlich ist: Wenn man die Atmung kontrolliert, kann sie die Stimmung eines Menschen positiv verändern und ihn davor bewahren, sich zu sehr von seinen Gefühlen leiten zu lassen. Nicht jeder ist mit diesem "Trick" vertraut, deshalb bist du vielleicht etwas skeptisch, wenn du ihn zum ersten Mal hörst (oder siehst).

Was können wir also tun, um unsere Atmung zu kontrollieren und sie noch nützlicher zu machen, als sie es ohnehin schon ist? Wenn wir am Leben sind, dann nur, weil wir atmen....

Wie auch immer! Es geht nur um Konzentration und darum, was du dir in deinem Kopf vorstellen kannst.

Wenn du kannst, auch in deinem Zimmer, mach es dir bequem und fang an, tief einzuatmen. Halte die Luft für ein paar Augenblicke an und lass sie dann durch eine anhaltende Ausatmung wieder los.

Erledigt?

Ah... Ist das nicht belebend?

Lass die runde Schere beiseite und versuche, diese kleine Übung ein paar Mal zu wiederholen. Wende sie vor allem in Situationen an, in denen du den Beginn von Stress oder andere Symptome wahrnimmst, die man als... "*Böse*".
Nein, das ist vielleicht zu viel.

*Irritierend? Lästig? Verändernd?*

Oh, du machst es!

Unabhängig davon, wie du die feindseligen Empfindungen und die gerade beschriebene Praxis nennst, wirst du die Vorteile schon kurzfristig spüren. Wenn du mit der Atemkontrolle beschäftigt bist, versuche dir etwas vorzustellen, das dich beruhigt, egal was es ist. So fällt es dir vielleicht leichter, ohne viel Anstrengung zur Ruhe zu kommen oder sie wiederherzustellen.

Wenn du einen Zustand der Ruhe und Stille bewahrst, kannst du dich vielleicht besser auf deine kognitiven Fähigkeiten verlassen und einen Ausweg aus einer komplizierten Situation finden.

## Denke daran, dass das, was du erlebst, eine chemische Reaktion ist

Es könnte weh tun, das auf diese Weise herauszufinden. Ja, alles, was wir erleben (in Bezug auf Empfindungen und Gefühle), sind chemische Reaktionen, die in unserem Gehirn ablaufen.

Kann man also sagen, dass Liebe, Glück, Freude und Wut von uns selbst geschaffene Unwahrheiten sind? Ganz und gar nicht. Trotzdem ist es von größter Bedeutung, dass wir unsere Emotionen kontrollieren können, sonst laufen wir Gefahr, in einen emotionalen Strudel zu geraten, aus dem wir uns kurzfristig nur schwer befreien können. Man muss den Gefühlen den richtigen Stellenwert einräumen und es ist ratsam, dies durch einfache Überlegungen zu tun.

Wenn du dich von deinen Gefühlen in die Irre führen lässt, versuche, nachdem du dich beruhigt und deine Fassung bewahrt oder wiedergewonnen hast, besser zu verstehen, was mit dir geschieht! Weißt du, es gibt keinen erfolgreichen Mann oder eine erfolgreiche Frau, die sich von ihren Gefühlen leiten lässt: Das wäre eine Katastrophe.

OK, vielleicht übernehmen sie NICHT die Kontrolle wie der Cordiceps-Pilz in The Las of Us, aber der Grad der Gefahr könnte ähnlich groß sein.

Emotionen sind zweifellos etwas Fantastisches, aber sie haben diese seltsame, dunkle Macht, unsere Gedanken zu beherrschen und eine grundlegende Rolle in unserem Handeln zu spielen. **Fehler, irreparable Fehler können gemacht werden, wenn man nicht klar genug ist, um zu verstehen, was man tut.**

Willst du das? Willst du dich als Sklave deiner eigenen Gefühle sehen und dementsprechend handeln, indem du dich vom Instinkt des Augenblicks überwältigen lässt?

Jeder ist frei zu tun, was er will, aber dann muss er auch die Verantwortung übernehmen und erkennen, dass es ein Unterfangen sein wird, die begangenen Taten wiedergutzumachen.

Wenn du deine Emotionen während ihrer gesamten Dauer genießen und gleichzeitig verhindern willst, dass sie deinen Tag bestimmen, **dann musst du nur ihre Form erforschen**. Das stimmt, ihre Form, warum wir sie fühlen und was sie auslöst.

Die vorangegangenen Abschnitte (Beobachtung, kritisches Denken, ruhiges Atmen) sind allesamt Hilfsmittel, die es dir ermöglichen, die Realität der Tatsachen mit anderen Augen zu sehen. Eines der ersten Dinge, die du anders erleben wirst, ist genau die Art und Weise, wie du Emotionen erlebst und wahrnimmst. Du wirst verstehen, dass sie nicht etwas sind, das man fürchten oder bis ans Ende der Zeit aufbewahren muss, um sie wie unauslöschliche Erinnerungen zu erleben und zu durchleben. Du wirst verstehen, dass sie "Entladungen" sind, "Schwankungen", unvorhergesehene Ereignisse, die eine ebenso flüchtige Veränderung unserer Stimmung bewirken. Manche von ihnen tun weh, manche weniger und manche tun sehr weh.

Und es ist normal, für ein Ereignis zu leiden, das uns verletzt hat!

Das Problem ist jedoch, dass du oft, besonders in deinem Alter, dazu neigst, deinen Schmerz, deine Traumata, deine schlechten Erfahrungen und was auch immer sonst noch auf deinen Schultern zu tragen, und das für eine lange Zeit. Wann immer du dich niedergeschlagen, von Wut oder Traurigkeit geplagt fühlst, versuche dir folgendes vorzustellen: **Alles, was wir fühlen, ist Energie**. Und wir wissen, dass du den Fluss der Energie nicht aufhalten, geschweige denn vermeiden kannst. Du kannst sie aber umwandeln, indem du vor allem für dich selbst positiv arbeitest.

Wenn du dich also zu sehr von deinen Emotionen, welcher Art auch immer, beherrscht fühlst, versuche dich darauf zu konzentrieren, was du tun kannst, um das Beste aus der Energie zu machen, die durch deinen Körper fließt. Du könntest dich deinen Leidenschaften, Hobbys, Sport und sogar dem Studium widmen.

## Zeit für Bewegung!

Wie du siehst, kann es ein schwerwiegender Fehler sein, das Potenzial der Gefühle nicht voll auszuschöpfen, für den es jedoch eine schnelle Lösung gibt. Solange man nicht apathisch wird und sein eigenes Leben nur noch als Zuschauer betrachtet, besteht immer die Möglichkeit, Gefühle zu empfinden, egal ob sie stark sind oder nicht, und daran zu arbeiten, das Beste aus ihrem Auftreten zu machen.

1. Betrachte die emotionale Kraft als eine echte Quelle erneuerbarer Energie.
2. Wandle sie in reine, positive Energie um.
3. Nutze sie, um dich zu verbessern und deine Ziele zu erreichen.
4. Wiederhole das jeden Tag.
5. Schreibe am Ende der Woche unten auf, wie du dich bei dieser Übung gefühlt hast und vor allem, ob sie dir geholfen hat, bestimmte Momente zu bewältigen.

Befolge diese einfachen Schritte und du wirst sehen, dass nichts mehr so sein wird wie vorher. Deine Zeit könnte nicht besser genutzt werden, glaub mir.

# Entwicklung eines starken Selbstwertgefühls

Denn es ist nicht nötig, ein "einfaches Selbstwertgefühl" zu entwickeln: Wir wollen es stark haben. Aber Vorsicht: Verwechsle niemals Selbstwertgefühl und Selbstvertrauen mit Arroganz! Diesen Fehler machst du öfter, als du denkst, weißt du?

Ich nehme an, du hast schon einmal eine ästhetisch sehr attraktive Person gesehen, die davon überzeugt ist, dass sie attraktiv ist und das vielleicht in alle Winde verkündet, ohne Angst zu haben, dass sie Aufsehen erregt. Ist das deiner Meinung nach ein Fall von Arroganz oder von Selbstvertrauen? Solange man die Wahrheit der Tatsachen zugibt, kann man es nicht als ein Phänomen ausgeprägter Egozentrik betrachten, denn aus objektiver Sicht wäre das, was die Person sagt, unbestreitbar.

Wenn er jedoch ausrastet und behauptet, der schönste Mensch an allen Orten, an allen Seen und auf der ganzen Welt zu sein, würden uns Zweifel beschleichen: Hat er im Zug nach Hogwarts den Verstand verloren oder glaubt er wirklich, was er sagt? Ja, das wäre eine unverhältnismäßige Arroganz. Es ist ja schön und gut, an sich selbst zu glauben und Selbstliebe zu empfinden, aber das geht dann doch zu weit!

Was ist mit dir? Wie würdest du dich selbst einschätzen? Eine arrogante oder selbstbewusste Person? Oder... Bist du eine Person, die sich selbst nur wenig schätzt?

Es wäre nicht das Ende der Welt, wenn du bei der Lektüre dieses Buches keine Selbstachtung empfinden müsstest. Und weißt du, warum?

Alles kann ganz einfach behoben werden.

Mach dir keine Sorgen, kein bisschen. Nachdem du den Abschnitt zu Ende gelesen hast, wirst du feststellen, dass die Entwicklung von Selbstachtung alles andere als eine Herkulesaufgabe ist!

## Erinnern ist gut, Wiedererleben ist schlecht!

Was wird es jemals bedeuten? Erinnern ist gut, aber Wiedererleben ist schlecht? Boh!

Weißt du, jung zu sein bedeutet nicht automatisch, wenig Lebenserfahrung zu haben. So traurig es auch ist, das zuzugeben, es ist oft das Gegenteil der Fall. Das ist nicht schön, ganz und gar nicht, aber hier sollte man vielleicht ein bisschen mehr nachhaken.

Lasst uns einander besser verstehen, ja?

Wenn man sich daran erinnert, dass es Momente gab, die alles andere als sorglos waren, und dass man fast (oder ganz) ums Überleben gekämpft hat, wird einem bewusst, wie stark man eigentlich war. Es kann alles Mögliche passiert sein; die Welt kann über dir zusammengebrochen sein; die Person, die dir am meisten bedeutet hat, kann dich aus dem einen oder anderen Grund verlassen haben, und deine Tage

können von einer Wolke überschattet worden sein, die du nicht mehr in den Himmel schauen willst.
Hast du dir jemals gesagt:
"*Ich bin ein Überlebenskünstler*"?

Hast du dir schon einmal gesagt, dass du vielleicht **Situationen erlebt hast, die viele andere nicht erleben konnten?**

Es gibt ein Sprichwort, das besagt: "Dir wird nie etwas gegeben, das du nicht potenziell überwinden kannst". Das ist sicherlich eine Sichtweise, die bei der Entwicklung eines starken Selbstwertgefühls hilfreich sein kann. Sich an Schwierigkeiten und Dunkelheit zu erinnern, grenzt schon an das Wesentliche. Du erkennst, dass du genug Kraft hattest, um dich allein oder mit der Hilfe von jemandem aufzurichten; all das, um leben zu können, als wäre nichts geschehen. Das ist nicht wenig.

Ganz im Gegenteil.

Zweifle nie an dir selbst. Tu das nie. Vielleicht hast du die Hölle hinter dir gelassen. Wenn das der Fall wäre, dann würden nur noch bessere Orte vor dir auftauchen.

## Scheitern und Sieg

Jetzt mal ehrlich: Was glaubst du, wie oft du du schon versagt hast? Einmal? Hundertmal? Tausendmal?

Schauen wir uns jede dieser Zahlen an.

Du hast einmal versagt und bist verzweifelt? Schlecht.

Du bist hundertmal gescheitert und zögerst jetzt? Schlecht.

Du bist tausendmal gescheitert und bist bereit, wieder zu scheitern? Gut.

Nein, das ist keineswegs ein Wunsch nach Scheitern oder eine Verhöhnung! Zahlreiche Versuche und Misserfolge, wie nachteilig sie auch sein mögen, können wiederum für die Willenskraft eines Menschen stehen. Viel zu oft (und das merkst du vielleicht selbst) lassen junge Menschen Chancen bei der ersten Schwierigkeit verstreichen, weil sie überzeugt sind, dass sich keine ihrer Handlungen wirklich lohnen kann.

Mathe zum Beispiel. Weißt du, warum viele Kinder Mathe schwierig finden und behaupten, dass sie es nicht mögen? Weil sie es nie richtig gelernt haben! Bei der ersten komplizierten Aufgabe haben sie sich gesagt:

*"Genug: Ich bin fertig".*

Aber wenn sie es **weiter versucht hätten**, auch wenn sie gescheitert wären (und wahrscheinlich schlecht), **hätten sie es früher oder später geschafft** und hätten nichts von der Materie zu befürchten gehabt. Es ist ein Zeichen von Reife und nicht von Verrücktheit, wenn du es versuchst und dich selbst auf die Probe stellst, obwohl du weißt, dass das Ergebnis bereits feststeht. Es sei denn, du willst etwas übermäßig Riskantes tun, das deine Sicherheit gefährden könnte... Hai, du weißt schon, nein... Als Homer Simpson, um seinen Sohn zu beeindrucken, beschloss, mit seinem Skateboard über eine Klippe zu fliegen...?

Versuch es und versuch es noch einmal. Sich zu irren ist nicht dasselbe wie sich zu schämen. Denn wenn du merkst, dass du für etwas oder für eine bestimmte Handlung nicht geeignet bist, und du versuchst, dich zu übertreffen, bis du tatsächlich Erfolg hast... Dann hast du einen Teil von dir kennengelernt, von dem du gar nicht wusstest, dass du ihn hast. Derjenige, der ausdauernd ist, der sich engagiert und Ergebnisse erzielt, obwohl die Chancen gegen ihn stehen. Ist das nicht ein Zeichen für steigendes Selbstvertrauen?

Stell dir vor: Du wirst gut in einem Umfeld, in dem du dich jetzt schwer tust. Und das ganz allein.

Nicht schlecht, oder?

## Denke an dich selbst und schätze andere

*"Was guckst du die anderen an? Was kümmert es dich, lass sie in Ruhe!"*

Wie oft hast du das schon gehört? Wahrscheinlich nicht wenig. Es ist ein Ratschlag (wenn du ihn so nennen willst), der nur teilweise mit der Realität zu tun hat. Sich um sich selbst und das, was man kann, zu kümmern, ist zweifellos der beste Gedanke, den man haben kann, aber er muss nicht unbedingt der einzige sein, und er hat auch nicht das Recht, von etwas anderen Vorstellungen umgeben zu sein.

Die Welt ist voll von talentierten Menschen, und zwar in allen Bereichen des menschlichen Schaffens! Die Frage ist also: Warum sich nicht ein Beispiel an ihnen nehmen und sie bewundern? **Es ist nichts Falsches daran, die Talente anderer anzuerkennen**; im Gegenteil, sie können interessante und wichtige Erkenntnisse für unsere Sache bringen. Uns wird oft gesagt, dass wir auf unserem Weg geradeaus und schnell vorankommen müssen, was absolut richtig ist; allerdings dürfen wir das nicht mit Scheuklappen tun! Die Fähigkeiten einer Person auf einem bestimmten Gebiet anzuerkennen, ist nicht nur für die betreffende Person, sondern auch für uns selbst gleichbedeutend mit hoher Wertschätzung. Anfangs ist es auch verständlich, dass man ein wenig Neid empfindet, aber solange dies zu einem gesunden Wettbewerb mutiert, ist daran nichts auszusetzen. Natürlich wäre es besser, wenn auch nicht perfekt, die Talente einer Person objektiv zu ermitteln und sie mit den eigenen zu vergleichen (natürlich im gleichen Bereich), um zu verstehen, wo und wie die Ergebnisse optimiert werden können.

Deshalb ist es absolut nicht wahr, dass andere "nicht beobachtet werden sollten"! Wenn du das tust, **läufst du Gefahr, dich spontan in eine Glasglocke zu sperren** und keine Vorstellung mehr davon zu haben, was die reale Welt verlangt. Wenn du zum Beispiel vorhast, ein erfolgreicher Schriftsteller zu werden, musst du unbedingt eine Vorstellung davon haben, wie ein Schriftsteller dieser Größenordnung aussieht, und dann einen Stil und eine Geschichte entwickeln, die dich einzigartig machen. Das ist bereits ein Beispiel dafür, dass die Ratschläge, die du überall auf der Welt gehört hast und die sich vielleicht schon in dein Gehirn eingebrannt haben, nur halbwahr sind.

Natürlich ist es richtig, Idealen und persönlichen Herausforderungen hinterherzujagen, aber es ist ebenso angebracht, sich klar zu machen, warum man es noch nicht geschafft hat.

*"Was fehlt mir? Wie weit kann ich mit meinen derzeitigen Fähigkeiten gehen? Bin ich genug?"*

Eine Person, die sich selbst genug schätzt, um zu wissen, dass sie nicht an der Spitze ihres Spiels steht, stellt sich mindestens eine dieser Fragen.

Das stimmt: Offenbar ist es nicht möglich, sich selbst voll zu schätzen, ohne bescheiden zu sein.

Anzuerkennen, was du tust, und zu wissen, dass du noch wachsen musst, um dorthin zu gelangen, wo du hin willst, sind zwei wichtige Schritte, um deine Träume zu verwirklichen.

## Verachte die Herausforderungen nicht

Wenn man an sich arbeitet, denkt man oft darüber nach, wie man sich selbst verbessern kann. Man kann sich auf viele Arten verbessern, weißt du? Aber das Tolle ist, dass man das auch tun kann, indem man sich um die kleinen Dinge kümmert. Ein Faktor darf jedoch nicht übersehen werden: Rücksichtnahme. Wir unterschätzen uns oft selbst und du wahrscheinlich auch. Es ist wichtig, bescheiden zu bleiben, aber manchmal ist es auch wichtig, dir selbst zu sagen, dass du in der Lage bist, zum Besten und mit Zuversicht zu handeln.

Es liegt vielleicht nicht in deiner DNA, dich in eine herausragende Position zu bringen, selbst wenn es aus dem Stegreif geschieht, aber um ein großes Selbstvertrauen zu entwickeln, ist es notwendig, Verantwortung für deine eigenen Fähigkeiten zu übernehmen.

Nehmen wir ein kleines Beispiel, ja?

Angenommen, du hast dein Haupttalent entdeckt und dich entschlossen, mehrere Versuche zu unternehmen, um es bestmöglich zu entwickeln. Es könnte eine Zeichnung, eine Skulptur, ein Artikel oder sogar Hilfe bei einem bestimmten Problem sein.

Es wäre eine Schande, sich zu weigern. Egal, wie schwierig die Aufgabe ist, **es lohnt sich, sie zu versuchen**.

Allerdings solltest du dich fit genug fühlen, um erfolgreich zu sein, was unmöglich wäre, wenn du nicht einschätzen könntest, was dir zusteht. Denk darüber nach: Wenn du den Auftrag annimmst, würdest du deine Grenzen besser verstehen und sie rechtzeitig überwinden können. Angenommen, du hast das nötige Vertrauen in die Mittel, die dir zur Verfügung stehen, dann versuche dir vorzustellen, was du erreichen könntest, wenn du die Arbeit exzellent abschließen könntest. Es wäre ein grandioser Sieg. Du hättest die Bestätigung, dass du ernsthaft ein Profi werden und dir einen Namen machen könntest. Du würdest dich noch mehr wertschätzen, weil du erkennen würdest, dass dein Training und die Opfer, die du gebracht hast, wirklich etwas wert sind.

Du hättest die Herausforderung mit der Welt der Professionalität angenommen und gewonnen, natürlich, aber auch mit dir selbst. Denn es wäre das erste Mal, der erste angenommene Job. Vielleicht würdest du nicht im Triumph getragen werden wie Rocky, aber es wäre trotzdem eine gewinnende Art, sich lebendig zu fühlen.

Das war nur ein Beispiel, denn es gibt mehrere Herausforderungen, die nicht nur den Beruf betreffen. Natürlich ist es richtig, zwischen Herausforderungen und Aufgaben zu unterscheiden. Wenn du davon ausgehst, dass der Versuch nichts Nützliches hervorbringen kann, dann ist es besser, einen Schritt zurückzutreten und sich auf etwas anderes zu konzentrieren

## Zeit zum Trainieren!

Du konntest die Übung in jedem Kapitel nicht verpassen. Eh-eh, damit wolltest du doch nicht durchkommen, oder?

Wie auch immer, um dein Selbstwertgefühl zu stärken, probiere Folgendes aus:

- Wenn dich eine Person um einen Gefallen bittet (es sei denn, es ist unmöglich), stimme zu, ihr zu helfen, und stelle dich selbst auf die Probe. Schreibe auf der nächsten Seite alle "Gefallen" oder "kleinen Aufgaben" auf, die du erledigt hast, und vergiss nicht zu erwähnen, was du dabei gelernt hast!

Und wenn dich niemand fragt, solltest du vielleicht den ersten Schritt machen. Du könntest dich freiwillig melden, um nützliche Dienste im Haus oder im Klassenzimmer zu leisten. Oder, wenn du dich in einem Fach gut vorbereitet fühlst, biete dich für ein Quiz an. Wenn es gut läuft, verbessert sich dein Durchschnitt um ein Vielfaches!

Übertreibe es nicht, zumindest nicht am Anfang. Versuche einfach zu verstehen, wie du dich fühlst, wenn du deine Absichten verwirklicht hast. Du wirst es nicht bereuen.

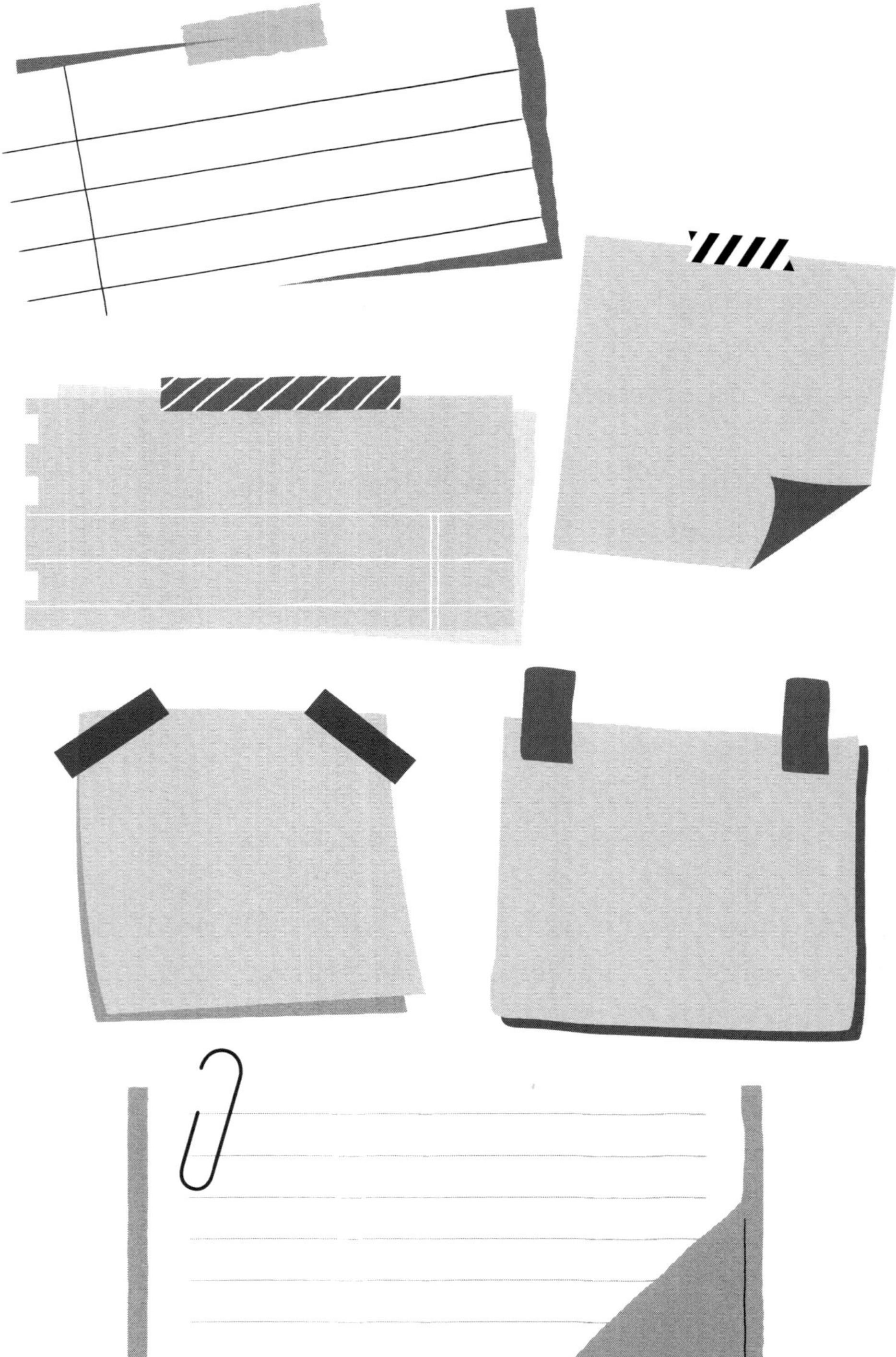

# Die Kunst der Kommunikation erlernen

Hier ist eine schöne neue Frage für dich.

Was macht deiner Meinung nach eine Person *"gefährlich"*?

Ah, und mit "gefährlich" meinen wir natürlich nicht eine Person, die in der Lage ist, jemanden grundlos zu verletzen, wohlgemerkt, sondern jemanden, der in der Lage ist, anderen klarzumachen, dass es besser wäre, ihnen gegenüber nichts Seltsames oder allzu Rücksichtsloses zu tun.

Die Antwort auf die Frage lautet: Was macht einen Menschen gefährlich... Die Fähigkeit, seine Gedanken perfekt zu artikulieren.

Das ist richtig: Die Gabe der Sprache kann, wenn sie geschickt eingesetzt wird, zu einer außergewöhnlichen Waffe werden. Jeder von uns kann sich auf seine Stimme verlassen und sie richtig einsetzen, um seine Eindrücke zu vermitteln, es sei denn, wir haben Probleme, die uns am Sprechen hindern. Du siehst, die derzeitige Ausbildung erlaubt es dir nicht, eine bestimmte Vorstellung davon zu haben, wie artikulierte Worte und Gedanken ausschließlich starken Menschen vorbehalten sind. Dir wird nur beigebracht, Gedichte zu paraphrasieren, sie vielleicht auswendig zu lernen, aber nicht, dich mit der Großartigkeit jedes einzelnen Wortes zu beschäftigen, das, richtig zusammengesetzt, eine bewundernswerte Kraft ausdrückt, die ein bestimmtes Gefühl bestimmt, sei es Freude oder etwas anderes. Mach es dir bequem. Denn bald wirst du wissen, wie man ein junger Mann mit tadellosen Ausstellungsfähigkeiten wird!

## Erweitere deinen Wortschatz

Die Fähigkeit, Wörter zu prägen und zu benutzen, ist ein wunderbares Geschenk der Evolution. Kein Tier ist in der Lage, so zu kommunizieren wie wir.... Warum sollten wir diese Fähigkeit also nicht voll ausschöpfen und unseren Wortschatz so weit wie möglich bereichern? Unsere Sprache ist in vielerlei Hinsicht wunderbar und es wäre eine Schande, immer die gleichen Ausdrücke zu verwenden, ohne sie jemals zu erneuern.

Aber das ist noch nicht alles.

Der Wortschatz sollte nicht nur erweitert werden, um die Anzahl der Begriffe zu erhöhen, die du kennst. Tatsächlich kann die Verwendung von Lemmata, auch von raffinierten (aber nicht zu archaischen, wohlgemerkt), dir das Leben viel leichter machen, wenn du versuchst, die Ideen darzulegen, die dir gerade im Kopf herumschwirren, wenn dir "die Worte fehlen". Das weißt du ganz genau: Die Jugendlichen von heute drücken sich sehr fehlerhaft aus und behandeln ihre Muttersprache, als wäre sie es nicht wert, richtig gesprochen zu werden. Sie wiederholen Zwischenrufe bis zur Erschöpfung und nehmen nicht die notwendigen lexikalischen Änderungen vor, wo sie vorgenommen werden sollten.

Bist du auch so? Wenn die Antwort ein klares "Ja" ist, brauchst du dir keine Sorgen zu machen.

Es gibt verschiedene Anwendungen und auch einige Websites, die nach einer völlig kostenlosen Registrierung das sogenannte "Wort des Tages" per E-Mail weiterleiten. Sehr oft handelt es sich um **veraltete Begriffe**: Du könntest sie in aller Ruhe auswendig lernen und sie von Zeit zu Zeit in einen Satz einbauen, vielleicht im Gespräch mit einem Freund oder während einer schriftlichen Prüfung, oder warum nicht auch während eines Verhörs. Denk daran, dass Menschen, die ihre eigene Sprache sehr gut sprechen können, egal welche (in diesem Fall Deutsch), immer **eine gewisse Aufmerksamkeit auf sich ziehen**. Und sie sind besonders beliebt, denn sich durch eine perfekte Syntax und die Verwendung von nicht ganz alltäglichem Vokabular zu exponieren, war einst eine Besonderheit adliger Familien, die ihren Kindern eine strenge und umfassende Bildung in verschiedener Hinsicht versprachen.

Ah-ha! Sagen wir es mal so: Wenn du auf die eben beschriebene Weise reden würdest zu reden, würdest du auf deine Mitmenschen wie jemand von hohem Rang wirken! Oder, noch wahrscheinlicher, als intelligente Person, die sich auskennt und vertrauenswürdig ist.

## Der Tonfall ist wichtig

Unbedingt. Das Timbre ist entscheidend, wenn du eine ernsthafte Rede halten willst. Aber es ist nicht das Einzige, was zählt. Aber lass uns ein paar Augenblicke darüber nachdenken. Hast du schon einmal gehört, dass eine Person **mit einer schrillen, unverschämten Stimme überzeugend wirkt**? Nein, ist dir das jemals passiert? Denn im besten Fall war sie unausstehlich und unangenehm für die Ohren. Ein Ratschlag: **Setze deine Ideen nie auf diese Weise durch**, denn du würdest den Eindruck erwecken, ein Mensch zu sein, der seine Gefühle nicht im Zaum halten kann und am Ende Dinge behauptet, die er vielleicht gar nicht denkt.

Wenn du dich also entscheidest, zu sprechen und es auf die richtige Art und Weise tust, lass dich nicht von Nervosität oder anderen Gefühlen übermannen. Du musst ruhig bleiben und du weißt bereits, wie du das machst. Sobald du sichergestellt hast, dass dich keine Emotionen mehr überfallen, egal wie nervig die Person oder Gruppe ist, die mit dir spricht, ist es an der Zeit, das Wort zu ergreifen und deine Ideen zu äußern.

In dieser Hinsicht gibt es sozusagen einige "Tricks", die du dir merken solltest. Eine gute Möglichkeit, deine Stimme zu verändern, bevor du überhaupt den Mund aufmachst, ist, dir genau zu überlegen, welches Timbre du ihr geben willst. Das ist eines der Geheimnisse von Synchronsprechern!

Wenn du zum Beispiel deine Stimme tiefer machen willst, mach sie so, dass sie laut und dröhnend wie eine Posaune klingt, wenn du sie verfremdest. Oder wenn du ihr einen **geheimnisvollen Touch geben willst**, der einen Hauch von Makabrem und Dorian-Grey-Glamour hat, dann rede dir ein, dass sie in den Ohren anderer genau so klingen wird. Es mag seltsam klingen, vielleicht sogar grenzwertig unwahrscheinlich, aber genau so funktioniert es! Du kannst deinem Tonfall mehr Tiefe verleihen, indem du ihn dir einfach mit einer gewissen Intensität vorstellst.

Wenn du es nicht glaubst (und das ist normal), versuche es selbst.

Isoliere dich für ein paar Momente. Sage ein Wort, egal was, und bleibe dann absolut still in deinem Zimmer. Denke darüber nach, wie du deine Stimme einstellen möchtest, und versuche danach zu sehen, ob deine Stimme lauter ist als die einer anderen Person.
Nachdem du das getan hast wiederhole das Wort, das du vorher gesagt hast, und ändere dabei die Klangfarbe nach deinen Bedürfnissen. Die Veränderung, wenn nicht sofort, dann nach ein paar einfachen Versuchen.

## Zuhören und beobachten, bevor du sprichst

Oh, Mann, das ist nicht nur wichtig.... Es ist ein Muss, wenn du intelligent sprechen und eine Debatte oder Rede gewinnen willst. Es ist verständlich, dass du dabei verbal angegriffen wirst, aber mach dir nicht zu viele Gedanken darüber: Wenn das passiert, weißt du, dass du den Sieg in der Hand hast. Ein kleines Geheimnis, bevor du in die Diskussion einsteigst: Wenn die Person, mit der du debattierst, anfängt, dich zu beleidigen oder auf unangenehme Weise zu provozieren, indem sie Wörter mit starken Konnotationen benutzt, kannst du beruhigt sein! Irgendwann werden ihr die Argumente und Gründe zu ihren Gunsten ausgegangen sein. Sie ist einfach von allen Seiten zerrissen worden!

Auf jeden Fall ist, wie gesagt, das **ruhige Beobachten und Zuhören**n dessen, was uns gesagt wird, egal wie ernst es ist, **zweifellos eine Herangehensweise, die unsere Präsenz hervorhebt**. Versuchen wir, mit kühlem Kopf nachzudenken.

Derjenige, der seinen Standpunkt darlegt, scheint viel zu sagen zu haben. Lass ihn reden, bis er das Gefühl hat, alles gesagt zu haben, was er sagen wollte. Achte nicht auf die Emotionen, die er in seine Worte gelegt hat: Konzentriere dich jetzt nur auf deine Gründe und das, was du vortragen willst. Gönne dir jedoch zunächst ganz kurze Momente der Stille, in denen du deinen Gesprächspartner vor oder neben dir ansehen kannst.

Auf diese Weise kannst du denjenigen einschüchtern, der gerade gesprochen hat und der sich bald allein durch deine Haltung in die Enge getrieben fühlen wird. Dann gehst du zum Gegenangriff über. Aber wie machst du das?

Halte den Augenkontakt aufrecht. **Entspanne deinen Blick**. Erlaube dir nicht, aggressiv zu sein. Versuche, so ernst wie möglich zu sein und sage etwas wie folgt:

*"Ich habe für die Dauer DEINER Rede geschwiegen. Jetzt bist du an der Reihe, das Gleiche zu tun, wenn du dich für einen höflichen Menschen hältst".*

Das mag wie ein Angriff auf die andere Person klingen, aber mach dir keine Sorgen: Du verlangst nur das gleiche Schweigen, das du gegeben hast. Wenn die Person deine Bedingung nicht respektiert, kannst du: weggehen oder verbale Gewalt anwenden, um zu sprechen.

Aber das werden wir später sehen. Warte einfach noch ein bisschen!

## Körpersprache lesen

Wir haben gesehen, dass es sehr wichtig ist zu wissen, wie man sich prägnant und elegant ausdrücken kann. Aber natürlich kann es nicht nur das sein! Denn ein Argument basiert nicht nur auf dem Timbre deiner Stimme, den Begriffen, die du ausdrückst und der Gelassenheit, die du zeigst. Ein Detail, das du unbedingt analysieren musst, ist deine Körpersprache. Menschen - **und natürlich auch du** - neigen in vielen Bereichen des Tages zu instinktiven Handlungen, die unangemessene Reaktionen hervorrufen. Es ist fast unmöglich für einen Menschen, die Gesten seines Körpers auf natürliche Weise zu kontrollieren, aber mit ein bisschen Training kannst du es schaffen.

Aber lass uns zum besseren Verständnis ein paar Beispiele nehmen.

Betrachten wir den Ablauf eines Streits (da wir gerade beim Thema sind).
Was denkst du, was passiert, wenn die andere Person wegschaut?

Wie fühlst du dich in diesem Moment? Sie könnte sich durch deine Anwesenheit eingeschüchtert fühlen oder sich sogar schämen, wenn deine Worte ins Schwarze treffen.

Eine andere: Der Gesprächspartner kräuselt seine Haarspitzen oder "kratzt" sie. Warum tut er das? Die Antwort ist einfach: Er/sie ist vielleicht extrem nervös und möchte das Gespräch so schnell wie möglich beenden, um sich nicht unwohl zu fühlen. Das ist ein natürliches und instinktives Verhalten, dem du nur selten Beachtung schenkst.

Du kannst den **Gemütszustand einer Person auch feststellen, indem du sie beim Gehen mit einem prüfenden Blick beobachtest**. Ein langsamer (aber nicht übertriebener) Schritt, eine gerade Körperhaltung, ein Blick, der auf den Horizont gerichtet ist. Eine solche Person drückt mit jedem Schritt Stärke und Zuversicht aus, so sehr, dass sie die Aufmerksamkeit der Passanten auf sich zieht. Eine Person, egal ob Mann oder Frau, die in schnellem Tempo geht, hat es vielleicht eilig, zeigt aber gleichzeitig eine gewisse Unentschlossenheit in ihrem Handeln.

Interessant, nicht wahr?

## Die "höchste" Fähigkeit: Wissen, wie man Gespräche gewinnt

Es gibt keinen anderen Weg, ein Gespräch zu gewinnen, als vorbereitet zu sein. Logik ist unter diesen Umständen unverzichtbar. Sie ist natürlich nicht das Einzige, was einen Unterschied macht, aber die Fähigkeit, richtig zu argumentieren, ist zweifellos nützlich.

Alles, vom Tonfall bis zum stummen Blick, von der Körpersprache bis zum Einfallsreichtum bei der Verwendung unbekannter Begriffe, spielt eine wichtige Rolle. Aber was tun, wenn eine Person uns nicht reden lässt?

Solche Menschen gibt es, und du wirst das noch besser verstehen, wenn du dich in einem erwachseneren Kontext wiederfindest, als du es jetzt bist. Menschen, die dich nicht reden lassen, wissen ganz genau, dass sie verlieren würden, wenn sie unterbrochen werden, also gibt es nur eine Maßnahme: **das Wort mit verbaler Gewalt ergreifen** (das haben wir doch schon gesagt, oder?). Kann es als legal angesehen werden, so zu spielen, wie andere spielen? Auf jeden Fall. Manchmal gibt es keine Alternative. Wenn man dir keinen Raum gibt, um deine Meinung zu äußern, musst du dir selbst eine Öffnung schaffen.

Das ist nicht unmöglich. Niemand hier ist eine Art Supermann, also halte deine Ohren offen und schaue während einer Diskussion nie weg.

Sie müssen erst einmal zu Atem kommen, nicht wahr? Sobald sie kurz davor sind, **Luft zu holen**, um den Monolog fortzusetzen, **erhebst du deine Stimme**, gibst einen starken, festen Ton von dir und beginnst zu reden. Wenn sie versuchen, dich zu unterbrechen, sprich weiter und erhebe deine Stimme noch mehr, wobei du immer dein Urteilsvermögen und deine Höflichkeit walten lässt.

Manche Argumente sind wirklich schwer zu gewinnen. Am Anfang wird es dir vielleicht schwer fallen, vor allem, wenn du es nicht gewohnt bist.

Gib nicht auf.

## E-ser-ci-tion

Das hast du erwartet, oder?

Hier ist eine Übung, die dir helfen könnte:

Schreibe auf der nächsten Seite alle Wörter auf, die du nicht kennst, und schlage ihre Bedeutung nach.
Geh an einen Ort, von dem du weißt, dass du allein sein wirst.
Übe, deine Stimme zu verstellen, indem du Sätze formulierst, die alle Wörter, die du aufgeschrieben hast, richtig enthalten können.
Verwende ein Diktiergerät, um dir am Ende der Sitzung die Fortschritte in deiner Stimme anzuhören: So kannst du Rückschlüsse auf mögliche Verbesserungen ziehen.

# Das eigene Image pflegen

Wie wichtig ist das Aussehen? Ist es wirklich so unwichtig, wie immer wieder behauptet wird?

Wie so oft, liegt die Wahrheit irgendwo dazwischen. Es gibt zweifellos andere Eigenschaften einer Person, die genauso viel oder sogar mehr zählen als das äußere Erscheinungsbild, aber es ist auch wahr, dass unser äußeres Erscheinungsbild das erste ist, was andere von uns sehen, also sozusagen eine Art Visitenkarte. Es ist daher unvermeidlich, dass wir einen schlechten Eindruck hinterlassen, wenn wir uns nicht genug Mühe geben.

Vielleicht hast du es selbst schon bemerkt: Jungen in deinem Alter, die sich sehr um ihr Image kümmern, sind zweifellos gesellschaftlich erfolgreicher und stehen in der Hierarchie ziemlich weit oben.

Es ist jedoch gut, sich ein Detail zu merken. Es ist wichtig, einige der eigenen Fehler zu akzeptieren. Niemand auf der Welt ist ein perfektes Wesen.... OK, vielleicht ist Cell perfekt, nachdem sie C-17 und C-18 bekommen hat, aber wir wissen ja, wie das ausgegangen ist, nicht wahr? Das Geheimnis ist, dass du dich um dich selbst kümmerst und dich genug respektierst, um dich in moderate Stresssituationen zu begeben, um deine Ästhetik deutlich zu steigern.

Übertreibe es nie. Glaube nie, dass du perfekt bist.

Kleine Dinge zu akzeptieren und sie als nützliche Adjektive zu behandeln, die dich einzigartiger machen, ist eine Einstellung, die dich weit bringen wird.
Im Folgenden findest du Tipps, die du befolgen kannst, um dein Image zu verbessern. Die Ergebnisse, die du mittel- und langfristig sehen wirst, werden dich sprachlos machen.

## Was für schöne Haare!

Fangen wir ganz am Anfang an: dein Haar. Jetzt kann es sein, dass du sie aufgrund verschiedener Faktoren verlierst und in diesem Fall solltest du am besten einen Dermatologen aufsuchen.
Wenn du aber noch eine schöne Kopfhaut hast, solltest du sie bestmöglich pflegen.

Zuallererst wollen wir mit einem Mythos aufräumen: **Sich jeden Tag die Haare zu waschen**, ist nicht die beste Art zu leben! Denk daran, dass Shampoo immer ein chemisches Produkt ist und sich auf die Gesundheit deines Schnurrbarts auswirken kann. Es wird empfohlen, das Waschen mit Shampoo auf maximal zwei bis drei Mal pro Woche zu beschränken, vor allem wenn du fettiges Haar hast. Hierfür kannst du spezielle Produkte wie ein Anti-Schuppen-Shampoo verwenden (in der Regel in Apotheken erhältlich).

Achte jedoch darauf, dass du bei **besonders empfindlichem und feinem Haar** nicht zu viel Spülung verwendest. Je nach Haartyp (lockig, gewellt, glatt) kannst du ein spezielles Shampoo verwenden, aber denke daran, dass es keine stärkenden Formeln gibt.

Wenn du deine Kopfhaut mit Energie versorgen willst, gibt es sehr nützliche Möglichkeiten, das zu tun. Es heißt, dass das Trocknen deiner Haare auf dem Kopf eine gute Lösung sein kann! Du kannst auch Kämme mit breiten, weichen Zinken verwenden, um zu verhindern, dass die Haare ausgerissen werden.

Ein weiterer (wichtiger) Punkt ist die Wahl des richtigen Schnitts! Du siehst, Friseure und Friseurinnen sind Experten auf ihrem Gebiet und es könnte die richtige Lösung sein, sich auf sie zu verlassen. Natürlich solltest du dir den besten Fachmann oder die beste Fachfrau suchen und nicht zu sehr auf den Preis achten: Dienstleistungen einer bestimmten Art müssen auf eine bestimmte Weise bezahlt werden. Menschen haben bestimmte Eigenschaften. Das Haar muss perfekt zur Form des Gesichts passen. Für Unerfahrene kann das ein etwas kompliziertes Konzept sein: Deshalb ist es eine gute Idee, einen Fachmann oder eine Fachfrau zu beauftragen und ihn oder sie zu fragen, welcher Schnitt zu deinem Gesicht passen würde, um deine besonderen Merkmale zu betonen.

Denke daran:

Vermeide Produkte wie Gel, Wachs und Haarspray. Sie sind zwar in Mode, vor allem bei jungen Leuten, aber auf lange Sicht besteht die Gefahr, dass sie die Widerstandsfähigkeit des Haares beeinträchtigen und es fettiger machen, sodass du es öfter waschen musst. Ganz zu schweigen von den Schuppen, die sich bilden, sobald die Produkte getrocknet sind. Stattdessen kannst du einfachen Schaum verwenden. Den findest du in der Regel in Supermärkten, aber du kannst ihn auch auf beliebten Shopping-Seiten bestellen, deren Namen du sicher kennst. Schaum schadet der Kopfhaut nicht und macht sie nicht übermäßig schmutzig. Natürlich solltest du dein Haar nach der Anwendung ausspülen. Probiere selbst verschiedene Frisuren aus. Auf YouTube gibt es viele Anleitungen, von denen einige sehr einfach umzusetzen sind. Auf diese Weise kannst du die perfekte Frisur finden, wenn du dich nicht an einen Experten wenden kannst.

## Ein schönes Gesicht

Über das Gesicht gibt es wirklich viel zu sagen! Die Tatsache, dass es von Jungen und Mädchen oft vernachlässigt wird, ist kein gutes Zeichen. Aber selbst wenn es gut behandelt wird, kann es unangenehme Unreinheiten wie Pickel und Mitesser aufweisen. In dieser Hinsicht ist es vor allem in schweren Fällen gut, die Verantwortlichen zu konsultieren, aber in bestimmten Situationen kann man einfach einige nützliche Lifestyle-Tricks anwenden, die die Situation drastisch verändern können.

Aber fangen wir am Anfang an, mit etwas Grundlegendem. **Wasche dein Gesicht zweimal am Tag**: direkt nach dem Aufwachen und vor dem Schlafengehen. Achte darauf, **dass du deine Hände mit warmem (nicht kochendem) Wasser und Seife abspülst**, um sie auszurotten.... Vielleicht 'ausrotten' nein, das ist ein etwas grober Ausdruck....

Zum ... Ausrotten?

Schlimmer.

Auf jeden Fall solltest du deine Hände mit warmem Wasser und Seife waschen, um alle (oder die meisten) Bakterien zu entfernen, die sich auf deinen Handflächen angesiedelt haben. Auf diese Weise überträgst du sie nicht auf dein Gesicht, wenn du es reinigst. Übrigens: Wasche dein Gesicht mit kaltem Wasser! Das hilft, die Poren zu verkleinern und verhindert das Auftreten neuer Unreinheiten.

Die Verwendung von Peeling-Tonern und -Cremes ist sehr hilfreich, um deine Haut glänzend und glatt zu halten. Wenn du zum Beispiel unter Akne leidest, ist es wahrscheinlich, dass du kleine bis mittelgroße Narben auf deiner Epidermis zurückbehältst. Peelingcremes (die du immer nach deinem Hauttyp kaufen solltest: trocken, fettig, Mischhaut) befreien die Haut von abgestorbenen Hautzellen und machen sie sozusagen präsentabler.

Vergiss nicht, **den Verzehr bestimmter Lebensmittel einzuschränken**, vor allem von zucker- und laktosehaltigen Produkten. Das Auftreten von Pickeln kann auch mit Leucin in Verbindung gebracht werden, einem Enzym, das in Milch und Milchprodukten enthalten ist.

Eine kleine Anmerkung, die vielleicht nicht oft genug erwähnt wird. Wenn du ins Bett gehst, um dich auszuruhen, versuche, nicht auf der Seite einzuschlafen. Nicht, dass das deiner Gesundheit schaden würde, aber du solltest wissen, dass der Stoff von Kissenbezügen und das Kissen selbst die Haut in deinem Gesicht reizen und die Bildung von Mitessern und Pusteln fördern können. Wenn du aufrecht schlafen und dein Gesicht vom Kopfkissen fernhalten könntest, würdest du dir zweifellos einen großen Gefallen tun.

Wenn du dich um dein Gesicht kümmern willst, kannst du das tun:

*Wasche dein Gesicht zweimal am Tag mit kaltem Wasser (nach dem Aufwachen und vor dem Schlafengehen). Wenn du Sport treibst und schwitzt, auch sofort nach dem Sport).*

*Verzichte auf Milch und Milchprodukte.*

*Trage ein Gesichtswasser auf, um die Haut elastischer und strahlender zu machen und/oder eine Peelingcreme (oder eine andere für das Problem geeignete Creme), um Unreinheiten zu entfernen.*

*Schlafe in einer aufrechten Position und stütze dein Gesicht nicht auf dem Kissen ab.*

Das mag am Anfang etwas schwierig sein, aber bald wirst du eine gesunde Gewohnheit entwickeln und alle eben genannten Schritte werden dir viel weniger drastisch erscheinen.

## Sport ist toll

Vielleicht sind das die Worte eines Fitnessstudio-Liebhabers, aber die Wahrheit ist, dass Bewegung aus gesundheitlicher Sicht großartig ist (und wir sollten auch die geistige Gesundheit berücksichtigen). Beim Thema Bewegung und Wellness gibt es mehrere Aspekte zu beachten. Der erste, der dir sicherlich in den Sinn kommt, betrifft das Aussehen einer Person, d.h. wie sie sich körperlich verändert.

Wenn du ins Fitnessstudio gehst oder Sport treibst, wird sich dein Körper drastisch verändern, er wird fester, stärker und massiger. Allerdings muss das Training ernst genommen werden und es ist nicht ratsam, 2 oder 3 Trainingseinheiten pro Woche zu absolvieren und dann die Hoffnung aufzugeben und es nicht weiter zu versuchen. Die Leute haben keine Geduld und hoffen, dass sie in kurzer Zeit interessante Ergebnisse sehen.

Denk daran, dass sich dein Körperbau exponentiell verbessern wird, wenn du gut trainierst, aber du musst hart arbeiten, ausdauernd sein und dich engagieren.

Wenn du eine Sportart wie Fußball, Basketball oder Rugby betreiben willst, musst du ein spezielles Trainingsprogramm mit mehreren hochintensiven Workouts absolvieren.

Wenn du vorhast, einem Fitnessstudio beizutreten und Bodybuilding zu betreiben, gibt es ein paar Dinge, die du wissen solltest, bevor du anfängst. Zunächst einmal bedeutet der Aufbau deines Körpers durch Gewichtheben nicht, dass du Substanzen verwendest, die für die Entwicklung von Kraft und Körpermasse nicht empfohlen werden! Wenn du den Weg des Bodybuildings wählst, bedeutet das einfach, dass du den Muskeltonus und/oder das Volumen deines Körpers durch mehr oder weniger intensives Training erhöhst, dem eine angemessene Ernährung vorausgeht. In diesem Fall kannst du auch deine Eltern beruhigen, wenn sie wirklich gegen das Fitnessstudio sind, auch wenn das wahrscheinlich nicht der Fall ist: Sag ihnen die Wahrheit, d.h. dass du vorhast, Muskeln aufzubauen und gegebenenfalls auch ein paar Kilos zu verlieren.

Nun zum zweiten Ratschlag, den du wissen musst: Es ist wichtig, dass du es nicht übertreibst. Das ist richtig. Der menschliche Körper braucht nach einer mehr oder weniger intensiven Anstrengung eine Pause. Jeden Tag ins Fitnessstudio zu gehen, vor allem, wenn du diese Art von Training noch nicht kennst, könnte das Gegenteil des gewünschten Effekts bewirken und die Ergebnisse könnten sich nur langsam einstellen.
Beginne stattdessen mit 2 oder 3 Trainingseinheiten pro Woche, um alle wichtigen Muskelgruppen zu trainieren. Hier ist ein kleines Beispiel für einen "Trainingsplan", den du befolgen könntest:

| GYM-ÜBUNGEN | |
|---|---|
| MONTAG | BEINE, SCHULTERN UND BAUCHMUSKELN |
| DIENSTAG | REST |
| MITTWOCH | BRUST, BIZEPS UND BAUCHMUSKELN |
| DONNERSTAG | REST |
| FREITAG | RÜCKEN, TRIZEPS, WADEN UND ABDOMINALEN |

Am Ende jedes Trainingstages kannst du auch 5 oder 10 Minuten Cardiotraining machen. Natürlich wird dich ein Trainer begleiten, der ein perfektes Workout für dich vorbereitet. Vergiss nicht, dass die ersten paar Tage sehr anstrengend sein können. Die Milchsäure setzt ein und du bekommst das sogenannte "Muskelfieber", d.h. eine Reihe von Schmerzen, die die Muskeln betreffen, die du am Vortag trainiert hast.

Wenn du hingegen bereits trainierst, ... Bleib dran! Gib nicht auf, egal aus welchem Grund!

## Ernährung

Eine gesunde Ernährung ist ein Muss. Training ohne einen richtigen Ernährungsplan bringt zwar Ergebnisse, aber sie sind geringer als mit einem professionellen Ernährungsplan.

Es ist unmöglich, die Art und Menge der Lebensmittel, die du essen solltest, ohne eine professionelle medizinische Untersuchung zu beurteilen; daher ist es ratsam, einen Ernährungsberater oder Diätassistenten zu konsultieren. Wenn du das aus verschiedenen Gründen im Moment nicht tun kannst, solltest du dir ein paar Details merken, die hilfreich sein können.

*Versuche, fünf Mahlzeiten am Tag einzunehmen: Frühstück, Snack, Mittagessen, Snack, Abendessen.*

*Iss mehr Obst.*

*Iss mehr Gemüse.*

*Iss direkt nach dem Training Kohlenhydrate und Eiweiß.*

*Schränke den Zuckerkonsum ein.*

## Und es geht nur um Stil!

Das Image sollte nicht nur auf der Form und dem Zustand des eigenen Körpers basieren. Vielmehr ist auch die Art und Weise, wie man sich präsentiert, entscheidend. Wir sprechen hier von Kleidung!

Jeder hat einen anderen Geschmack und es ist wichtig, ihn zu respektieren, damit du dich in deiner Kleidung wohl fühlst. Vielleicht kennst du deinen Geschmack in dieser Hinsicht nicht, aber keine Sorge, du musst dich nicht anstrengen, um das zu ändern.

Das Internet ist definitiv eine Suchmaschine, mit der du alles finden kannst, auch die verschiedenen Stile, die zur Mode gehören. Du hast doch bestimmt ein Toutube-Konto, oder? Oder zumindest hast du die App auf dein Handy heruntergeladen! Alles, was du tun musst, ist eine kleine Suche durchzuführen, indem du ähnliche Schlüsselwörter eingibst:

*DAMENMODE 2022-23*

*HERRENMODE 2022-23*

Wenn du mit den Ergebnissen nicht zufrieden bist, versuche, die Begriffe ins Englische zu übersetzen, um Videos in großer Zahl und vielleicht sogar ausführlicher zu finden.

*MANN/FRAU STIL 2023*

Auf diese Weise kannst du mehr über deine Vorlieben erfahren und dich entsprechend kleiden.

## Vergiss nicht zu üben!

Nachdem du das alles gelesen hast, musst du auch etwas tun, um dich selbst ein wenig zu testen: Wie wäre es damit?
Lade dir eine App auf dein Handy! Du musst nur ein wenig recherchieren, indem du ähnliche Suchbegriffe eingibst:

- Als erstes stellst du eine tägliche Routine für die Pflege deiner Haut und deines Körpers im Allgemeinen auf (Körperpflege ist sehr wichtig). Mach das auf der nächsten Seite:
- Wenn du es noch nicht getan hast, fang an zu trainieren. Du musst nicht gleich einem Fitnessstudio beitreten. Nutze die Zeit, die du hast, um mit Liegestützen und Bauchmuskelübungen zu beginnen.
- Wenn du dich entschieden hast, es richtig zu machen, geh in ein Fitnessstudio und halte eine professionelle Diät ein.
- In der Zwischenzeit entdeckst du deinen Kleidungsgeschmack und lernst, wie du deine Kleidung kombinieren kannst. Mach dir Notizen zu deiner Lieblingskleidung und wie du sie am liebsten kombinierst.
- Um die Veränderung, die du erlebst, besser zu verstehen, mach ein einfaches Selfie und behalte es für dich. Warte ein paar Monate und mach dasselbe. Vergleiche die beiden Fotos und notiere die Verbesserungen!

# PLANER

## ROUTINE

- [ ] 
- [ ] 
- [ ] 
- [ ] 
- [ ] 
- [ ] 
- [ ] 
- [ ] 

## FITNESS

## OUTFIT

## NOTIZEN

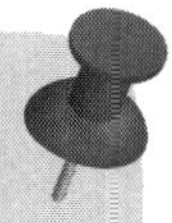

# Freundschaften vertiefen

Sag mir, mit wem du gehst, und ich werde dir sagen, wer du bist. Hast du dieses Sprichwort noch nie gehört? Wie jedes Sprichwort hat auch dieses einen wahren Kern. Unsere Gesellschaft definiert uns nicht, aber es ist absolut wahr, dass die Qualität der Freundschaften, die wir schließen, einen gewissen Einfluss auf das Leben hat, das wir führen. Menschen, vor allem solche, die ein wenig willensschwach sind, lassen sich stark von ihren Freunden beeinflussen und finden sich oft in unerwarteten Situationen wieder.

Seien wir ehrlich, man ist in einem Alter, in dem man Fehler macht. Fehler zu machen ist natürlich, aber wenn es ständig passiert, wird es selbst für einen jungen Menschen, der noch nicht an die wirklichen Härten des Lebens herangekommen ist, unverantwortlich. Wenn du schwerwiegende Fehler gemacht hast, ist es an der Zeit, sie wiedergutzumachen und zu klären, ob es sich um persönliche Fehler handelt oder ob sie durch eine nicht so gute Gesellschaft verursacht wurden. Es stimmt allerdings, dass wir nicht jedes Mal, wenn wir stolpern, einer anderen Person die Schuld geben.... Aber es gibt Ursachen, Gründe, Motivationen, und es ist notwendig, sie alle zu verstehen, wenn du deinen Tag verbessern willst.

Wenn du auch an deinen Freundschaften zweifelst oder glaubst, dass sie aus verschiedenen Gründen nicht das Richtige für dich sind, ist es vielleicht an der Zeit, dich zu ändern und nur den Menschen zu vertrauen, zu denen du dich hingezogen fühlst.

## Beobachte das Verhalten des Kreises

Hast du das schon mal ausprobiert? Das Verhalten deiner Freunde unter dem Deckmantel des üblichen Freundes oder der Freundin zu studieren? Glaube mir: Wenn du damit anfängst, fängst du an, genau zu verstehen, worauf andere abzielen, egal ob es das Ziel eines Abends oder eines ganzen Lebens ist. Zu oft neigen wir dazu, das Verhalten anderer zu ignorieren und denken, dass nichts, was passiert, unser Handeln beeinflussen kann. In Wirklichkeit ist das aber nicht der Fall.

Da wir soziale Tiere sind und dazu neigen, uns in größeren oder kleineren Gruppen zu versammeln, werden wir unbewusst durch das Verhalten von Personen beeinflusst, die wir (deshalb auch immer unbewusst) in einer höheren hierarchischen Position sehen als wir selbst. Wenn diese oder jene Menschen eine dumme oder unbedachte Handlung begehen, könnten wir sogar zu dem Schluss kommen, dass dieses Verhalten als Vorbild dienen sollte. Leider passiert das auch.

Wenn sich ein oder mehrere Mitglieder deines Kreises auf eine Art und Weise verhalten, die du objektiv als unangemessen betrachtest, gut.... Vielleicht solltest du auf deinen Instinkt hören und einen Schritt zurücktreten. Natürlich ist das nicht immer so einfach, denn manche Freundschaften halten sehr lange und es wäre sehr schmerzhaft, sie zu beenden. Aber warum solltest du in diesem Fall nicht versuchen, mit dem Freund zu reden, der sich in diesem Moment falsch verhält? Manchmal ist es zu einfach, die Unverwüstlichkeit von Menschen aufzugeben, weil man denkt, dass alles Gute, das man ihnen gegenüber tut, nicht so ernst genommen wird, wie es sein sollte.

**Versuche, ein Gespräch mit dem Bekannten zu führen**, von dem du denkst, dass er einen großen Fehler macht. Probiere es aus. Der direkte Dialog ist für Freunde und wenn du sie nicht siehst, wenn du sie brauchst, wäre es klug, die entsprechenden Entscheidungen mit dem Herzen am rechten Fleck zu treffen, auch wenn es weh tut, auch wenn du es nicht willst.

Dieses Kapitel (und das nächste) wird ein ziemlich emotionaler Teil des Buches sein, denn du musst erkennen, wie entscheidend die Jugend, die du erlebst, für deine Ausbildung ist. Auch wenn es "schmerzhaft" sein mag, einen anderen Weg als deine Freunde einzuschlagen, ist es wichtig, dass du in der Lage bist, diese Entscheidung zu treffen und zu verstehen, dass eine bestimmte Gesellschaft nichts mehr für dich ist, vor allem, wenn du versucht hast, sie zur Vernunft zu bringen, ohne etwas zurückzubekommen.

Nimm dir Zeit, eine Entscheidung zu treffen, nachdem du das Verhalten deiner Mitmenschen genau beobachtet hast. Es sollte auf keinen Fall eine übereilte Entscheidung sein, sondern eine wohlüberlegte.

## Wissen, wie man Nein sagt

Nachdem du das Verhalten deiner Freunde beobachtet und alles getan hast, um sie zur Vernunft zu bringen, ist es an der Zeit, Nein zu sagen. Ja, es stimmt, du würdest in diesem Fall sehr zynisch sein, aber es ist notwendig, sich angemessen von denen zu distanzieren, von denen du glaubst, dass sie deinen Zielen nicht dienen. Es heißt, dass Menschen, die Großes erreichen wollen, sich mit Gleichgesinnten umgeben müssen.

Wir sprechen natürlich nicht von einem wortwörtlichen Hunger, sondern von der Veranlagung, ein bestimmtes Maß an Erfolg zu erreichen. Das heißt nicht, dass man sich nur mit Leuten umgeben sollte, die bereits etabliert sind oder eine nicht unerhebliche Menge Geld haben. Ganz im Gegenteil! Es ist jedoch nur fair, seine Anwesenheit Menschen zu schenken, die wissen, was sie vom Leben wollen und bereit sind, einen Teil davon zu opfern, um weiterzukommen.

Leider gibt es keine Alternative: Wenn man die Tendenz der persönlichen Wünsche versteht und sie mit denen anderer (in diesem Fall Bekannte, Freunde) vergleicht, bekommt man das Gefühl, nicht auf der gleichen Wellenlänge sind. Das könnte dazu führen, dass die eine oder die andere Seite das Interesse verliert. Wenn du das Gefühl hast, dass du nicht mehr daran interessiert bist, mit diesem Typ Mann auszugehen, ist das in Ordnung und nichts Schlimmes daran. Unterschiedliche Ideen, unterschiedliche Ideale, unterschiedliches Verhalten und unterschiedliche Ziele. Das ist in Ordnung. Es ist normal, diese Unterschiede zu haben und es ist wichtig, sie zu respektieren, wenn sie auftreten.

Du musst in der Lage sein, Nein zu sagen, wenn dich ein Bekannter oder Freund, mit dem du nicht viel gemeinsam hast, um ein Date bittet. Dagegen ist absolut nichts einzuwenden, aber versuch dir vorzustellen, was passieren würde, wenn du ja sagst. Du würdest deine Zeit mit Aktivitäten verbringen, die nichts mit dir zu tun haben, in Gesellschaft einer Person (oder mehrerer Personen), mit der/denen du wenig oder nichts gemeinsam hast. Nicht gerade das Beste am Leben, oder?

**Deshalb solltest du wissen, wie du Angebote ablehnen kannst**, die dir nichts Gutes bedeuten! Es ist verständlich, dass du anfangs Schwierigkeiten hast, aber denk daran: Nicht das tun zu können, was für dich am besten ist, ist gleichbedeutend damit, von der Strömung mitgerissen zu werden. Vielleicht ist das ein bisschen zu extrem? Vielleicht, aber glaubst du wirklich, dass sich die Dinge ändern werden, wenn du nicht anfängst, deine eigenen Wünsche über die anderer zu stellen?

Um dich unter diesen Umständen durchzusetzen und die Situation sofort zu klären, musst du von Anfang an direkt sein und darauf achten, dass du andere nicht verletzt.

Denn es ist in Ordnung, ehrlich zu sein, aber es ist nie angebracht, andere zu beleidigen, auch wenn es manchmal nur die Wahrheit ist, die tief im Inneren brennt.

Lass uns eine kleine Übung machen, ja?

Angenommen, eine Person, mit der du deine Abenteuer gerne einschränken (oder sogar ganz beenden) würdest, lädt dich zu etwas ein, das du nicht magst. Wie würdest du ihr/ihm antworten? Ein klares "Nein" könnte effektiv sein! Andererseits könnte er aber auch nach einer Ausrede suchen und dich überzeugen, den Weg zur Tür zu machen, auch wenn du die Einladung bereits abgelehnt hast. Aus diesem Grund wäre es gut, zusätzlich zu einer klaren Absage noch ein paar Details hinzuzufügen.

Welcher ist es? Eine gute:

*"Verzeih mir, aber komm nicht und rede mit mir über diese Dinge. Sie interessieren mich nicht mehr.*

Wenn dir das jemand sagen würde, würde es dir sicher nicht gefallen. Aber es ist wichtig, dass du für dich selbst einstehst und dich so gut du kannst unterstützt. Niemand kann dich zwingen, dich zu binden, wenn du es nicht willst. Und das gilt auch für dich. Sobald du diesen Satz aussprichst, wirst du dich ein wenig schuldig fühlen. Es hat keinen Sinn, es zu leugnen. Aber du musst deinen Weg weitergehen und darfst die Entscheidung, die du getroffen hast, niemals verraten.

Es wird Zeiten geben, in denen du es bereuen wirst, ähnliche Angebote abgelehnt zu haben.... Aber das wird nur von kurzer Dauer sein. Denn du wirst dein Bestes geben, um das zu bekommen, was du willst, auch wenn es schwierig sein wird.

Dann wirst du das Gefühl, ja die Gewissheit haben, dass du alles richtig gemacht hast.

## Die richtigen Leute

Bis jetzt haben wir uns mit Freundschaften befasst, die nicht gerade zu unserer Art zu handeln und zu leben passen. Jetzt ist es jedoch an der Zeit, sich auf die andere Seite der Medaille zu konzentrieren, also auf all die Menschen, die dich umgeben und die du am besten nicht aus den Augen verlierst.

Versuchen wir, ein paar Dinge gleich zu verstehen. Es mag seltsam klingen, wenn du es aus dem Stegreif liest, aber du solltest wissen, dass Freundschaft nicht nur auf Vertrauen und gegenseitigem Respekt beruht, sondern auch eine andere Seite hat: Trost. Wusstest du das nicht? Oder hast du es vorgezogen, nicht darüber nachzudenken?

Wie auch immer, es ist an der Zeit, dass du das erkennst und dieses vielleicht etwas "dunkle" Detail zwischenmenschlicher Beziehungen akzeptierst. Ein Freund, der als solcher betrachtet wird, muss dir doch einen Gefallen tun, oder? Was wäre er sonst für ein Freund, wenn er nicht da wäre, wenn du ihn brauchst?

Vergiss jedoch die Gefälligkeiten und Vergnügungen und halte dich an einen Gedanken, der einem herzlosen Menschen würdig erscheinen mag, der aber in Wirklichkeit eine vernünftige Überlegung ist, eine Art, das Beste zu geben und zu empfangen.

*"Was kann ich von dieser Freundschaft gewinnen? Und was kann ich im Gegenzug geben?"*

Das ist ein weiterer Weg, um ein reifer Mensch zu werden, der erkennt, was er gewinnt und was er gibt. Es gibt viele Menschen, die dich - zumindest potenziell - dazu bringen können, den Sprung zu wagen, der dich hoch, sehr hoch bringen kann.

Wenn du dich fragst, nach welchen Eigenschaften du bei einem ehrlichen und fruchtbaren Partner suchen solltest, solltest du Folgendes bedenken. Die richtige Person:

- Ist nicht zärtlich. Traut sich nicht, dich anzurufen und fragt oft nach deiner Anwesenheit. Die Person, die sich für ihre Ziele einsetzt, verbringt die meiste Zeit damit, zu arbeiten und zu versuchen, Dinge zu erledigen.
- Er gönnt sich nur begrenzte Freiheiten. Das bedeutet nicht, dass er sich an seinen Schreibtisch kettet, um zu lernen oder zu arbeiten, sondern dass er sich auf seine Freizeit konzentriert und sie sorgfältig einteilt: Leidenschaften (Hobbys), Spaß - denn das ist es auch, was er braucht, um abzuschalten - Familie, Freunde und eine mögliche Romanze.

Er erkennt, wann es Zeit ist, sich zu erfrischen und auszuruhen. Es ist unwahrscheinlich, dass er dir vorschlägt, bis spät in die Nacht oder bis in die frühen Morgenstunden zu bleiben. Das liegt daran, dass er Verpflichtungen hat und sich bemüht, sie zu erfüllen.

Er macht sich nicht über andere lustig.

Versuche herauszufinden, wer in deinem Umfeld diese Eigenschaften respektiert. Sie könnten gute Freunde sein, sowohl in Bezug auf die Kameradschaft als auch auf gemeinsame Ziele.

## Ein wenig Engagement

Die aktuelle Übung ist vielleicht viel schwieriger als die vorherigen, und das aus gutem Grund. Es ist nie leicht, eine Aktivität aufzugeben, aber es ist unerlässlich, wenn du einen anderen Weg einschlagen willst, der dich zu einem großen Ziel führen kann.

Mach dir keine Sorgen! Befolge die folgenden Anweisungen und trainiere dich darin, die Kontrolle über dein Leben zu übernehmen, denn Entscheidungen warten nur darauf, getroffen zu werden.

1. Wenn du etwas auslassen willst, fang an, weniger hilfreich zu sein und stelle die Geduld der anderen auf die Probe. Schreibe hier die Namen einiger Menschen auf, deren Anwesenheit dir nicht gut tut und warum (falls vorhanden):

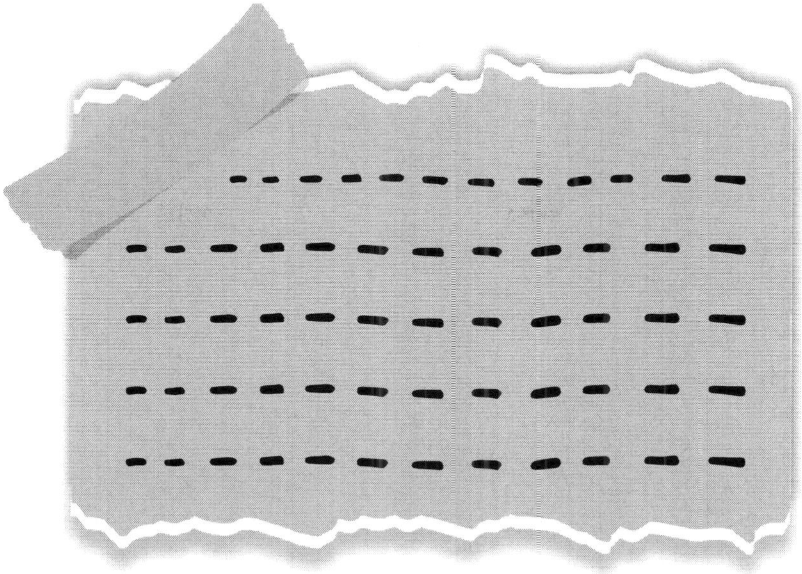

2. Antworte weniger häufig auf Nachrichten. Notiere hier die Reaktionen der Personen, denen du nicht mehr antworten möchtest:

*Name* ____________________

*Name* ____________________

*Name* ____________________

3. Wenn er dich um ein Date bittet, sagst du, dass du beschäftigt bist und wenn er darauf besteht, gibst du zu, dass du nicht interessiert bist.
4. Wende diese Strategie an, wann immer du es für richtig hältst, ohne Unterschied.

Du wirst vielleicht einige Zuneigungen verlieren, oder zumindest diejenigen, die du als solche betrachtest. Aber denke positiv: Wenn so etwas passiert, wirst du verstehen, wer wirklich an dir interessiert ist oder nicht.

# Den richtigen Lieben Bedeutung beimessen

Liebe gibt, Liebe nimmt. In deinem Alter erlebst du das alles mit großer Intensität, nicht wahr? Die ersten Küsse, die ersten Umarmungen, die ersten Male in vielen Situationen, die so bedeutungsvoll sind, dass du dich an sie erinnern wirst, solange du denken kannst.

Hast du schon viele Erfahrungen mit der Liebe gemacht? Bedauerst du eine davon besonders?

Unabhängig davon, ob du diese Fragen beantworten kannst oder nicht, solltest du daran denken, dass die meisten Liebeserfahrungen auf dem Höhepunkt der Pubertät gemacht werden. Wenn du erwachsen bist, also schon Mitte zwanzig, bist du dir deiner Vorlieben und deines Geschmacks bewusst. Es stimmt: Du musst deine Erfahrungen so genießen, wie du es für richtig hältst, aber gleichzeitig musst du darauf achten, dass keine der Liebesbeziehungen, die du erlebt hast (und schließen wir die zukünftigen nicht aus), eine Last ist, die dich in bestimmten Situationen sogar in die Enge treiben kann. Jemanden zu verlieren, den du geliebt hast, ist ein Ereignis, das du niemandem wünschen würdest. Aber du darfst nicht vergessen, dass auch das Universum nicht unendlich ist und dass früher oder später alles zu einem Ende kommen muss!

Eine etwas pessimistische Sichtweise? Wahrscheinlich ja, aber gleichzeitig ist sie wahr und spiegelt die Realität der Situation wider.

## Ich bin untröstlich!

Offensichtlich kein gutes Gefühl. Wahrscheinlich ist es sogar eines der schlimmsten Gefühle überhaupt. Jemanden zu verlieren, für den man bestimmte Gefühle hatte.... Wow, verheerend. Du kennst das, nicht wahr? Du denkst die ganze Zeit daran, es bringt Erinnerungen zurück, intime Momente, unbeschwerte Augenblicke und du musst wieder ganz von vorne anfangen. Und vergessen wir nicht, dass du auch deinen Appetit verloren hast. Egal, was zu Hause gut gekocht wird, ob Lasagne oder ein Braten: Du wirst das Essen kaum noch anrühren wie früher.... Zumindest eine Zeit lang. Das haben wir alle schon erlebt und du wahrscheinlich auch.

War es eine dauerhafte Beziehung? Wie ist es dazu gekommen? Warum ist es so weit gekommen? Diese Fragen stellen sich nicht nur die Menschen, die dir nahe stehen und versuchen, die Situation besser zu verstehen, sondern in manchen Fällen auch du selbst. Manchmal stehst du da wie eine Puppe und versuchst zu verstehen, was passiert ist und warum es dir passiert ist. Die Gedanken der Menschen lassen sich nicht wie ein offenes Buch lesen, obwohl manche Gedanken recht vorhersehbar sind. Warnungen werden von der anderen Person gegeben und wenn wir diejenigen sind, die die Beziehung beenden wollen, tun wir dasselbe: Wir senden unwillkürlich Signale, vielleicht mit unserem Körper, vielleicht mit unseren Handlungen.

Aber dazu gleich mehr.

Lass uns jetzt bei einer dringlicheren Angelegenheit verweilen, die du früher oder später brauchen wirst (wenn du sie nicht jetzt brauchst). Lass uns eines gleich klarstellen: Egal, wie schön du bist und wie gut du dich benimmst, früher oder später wird dir jemand das Herz brechen. Der Wunsch ist natürlich, dass es nie passiert, aber es ist eine so seltene Möglichkeit, dass sie so wahrscheinlich ist wie die Gründung einer menschlichen Kolonie auf dem Jupiter. Mach dir nichts draus: Es passiert und es wird jeden treffen.

Was kann man also tun, um sich zu erholen? Wie soll man sich verhalten, wenn man so hart getroffen wurde, dass man nicht einmal mehr aufstehen kann?

- Darüber zu reden, ist sicherlich eine große Hilfe. Ob es ein Freund oder ein Familienmitglied ist: Es ist legitim und ratsam, sich ein paar Minuten Zeit zu nehmen, um alles zu beichten, was du fühlst. Es wird wahrscheinlich schwer sein, vielleicht unerträgliche Gefühle.... Wir haben schon in früheren Kapiteln darüber gesprochen, erinnerst du dich? Sei in der Lage, die Gefühle, die du erlebst, zu beherrschen und nicht in einen emotionalen Zustand zu geraten, aus dem es schwierig wäre, wieder herauszukommen. Das, was man fühlt, nach außen zu tragen und mit Worten und Taten einer vertrauten Person Hilfe zu suchen, ist sicher nicht kontraproduktiv. Wir alle haben jemanden, dem wir gerne die Geheimnisse unserer Seele anvertrauen würden! Wenn also ein enger Freund oder ein

Vertrauten geeignet erscheint, solche Informationen zu erhalten, dann sollte man sich ihnen ehrlich anvertrauen. Das "Gute" (das einzig Gute) an Liebeskummer ist, dass er dir bewusst machen kann, wie sehr sich eine Person um deine Sicherheit sorgt. Darüber zu reden, wird dir auf jeden Fall gut tun.

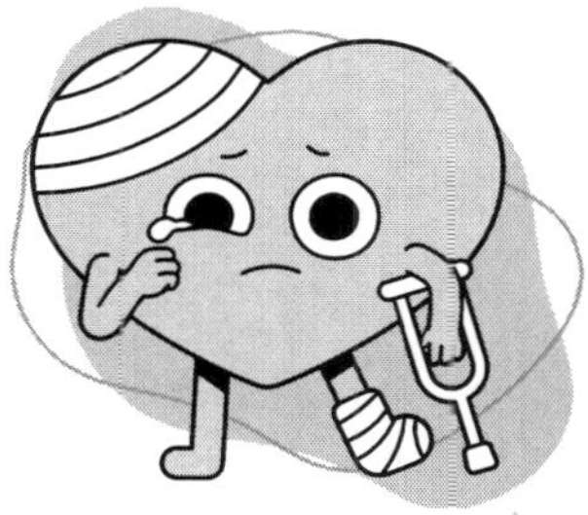

- Nimm dir Zeit zum Heilen! Wirklich: Du musst für eine Weile allein sein. Die berühmte "Nägelkauen"-Technik funktioniert, ja, aber nur für eine sehr kurze Zeit. Danach wirst du nicht nur darüber nachdenken, wen du verloren hast, sondern auch ein nicht unerhebliches Schuldgefühl verspüren, weil du die Verfügbarkeit und das Gefühl einer Person ausnutzt, um eine andere zu ersetzen. Würdest du es gut finden, wenn sie das mit dir machen würden? Nein, natürlich nicht. Was du tun kannst, ist, den Stecker zu ziehen. Du schadest dir selbst eine Zeit lang nicht: Das kann ein Monat sein, aber auch leicht ein Jahr. Nachdem du Prügel bezogen hast, lernst du eine grundlegende Lektion (und das ist eine, die vor allem junge Menschen lernen): Vertrauen ist extrem wichtig (und das ist eine, die vor allem junge Menschen lernen): Vertrauen ist extrem schwierig, deshalb muss man bei seinen Entscheidungen sehr vorsichtig sein. Wenn du dich nach einer Trennung für jemanden interessierst - was absolut legitim ist -, solltest du sicherstellen, dass dein Verstand frei von Zweifeln ist und dir ähnliche Fragen stellen: "Was weiß ich über die Person, an der ich interessiert bin? Soll ich mein Herz in die Hände eines anderen Menschen legen?

Oder komme ich im Moment gut alleine zurecht?". Die richtigen Antworten zu finden, ist so hilfreich wie nur möglich. Und weißt du, warum? Weil du dann keine Möglichkeit hast, es zu übertreiben und dich noch verletzlicher zu machen. Erinnerst du dich daran, worüber wir in Kapitel eins gesprochen haben Einsamkeit sollte auf keinen Fall verteufelt werden! Wenn du also allein sein willst, ohne dir Gedanken über eine mögliche bessere Hälfte zu machen, ist das in Ordnung. Es steht dir frei, das zu tun. Nimm dir so viel Zeit, wie du brauchst, um zu heilen und pass auf, dass du nicht wieder die gleichen Fehler machst.

- Werde der Mensch, der du sein willst. Das ist ein harter Brocken: Du bist gewarnt. Einer der Gründe, warum du zurückgelassen wurdest, könnte mit deiner Mentalität oder sogar mit deinem Aussehen zu tun haben. Ja, es tut wirklich weh, das zu denken, aber wenn die andere Person keine genauen Erklärungen liefert, wäre es unklug, eine der beiden Hypothesen in Betracht zu ziehen. Außerdem, seien wir mal ehrlich: Jungen und Mädchen können lügen, also könnte das, was sie behaupten, sowieso frei erfunden sein. Egal, ob es um Äußerlichkeiten oder um den Charakter geht: Du solltest wissen, wie du das Mementum des Schmerzes und der Gefühle, die in die lauern, nutzen kannst, um dich exponentiell zu verändern. Bist du im Moment der Mensch, der du sein möchtest? Bist du es nicht? Warum bist du es nicht?

Möchtest Du nicht zu gegebener Zeit der Mensch zu werden, der du sein willst? Du bist nie zu jung, um wichtige Lektionen aus dem Leben zu lernen, und ein blutendes Herz zu haben ist eine der wichtigsten, die du erhalten kannst. Nutze es zu deinem Vorteil: Bilde dich weiter, lies, bilde dich, lerne, und wenn die Zeit gekommen ist, wirst du erkennen, wie dumm und schädlich es ist, mit Wut und Wehmut auf jemanden zurückzublicken, der sich entschieden hat, dich zu verlassen, anstatt bei dir zu bleiben.

## Und wenn es eine schöne Liebe ist?

Für jeden Menschen, der bereit ist, uns zu verlassen, gibt es einen anderen, der es nicht tun würde, wenn wir nicht die Entscheidung treffen würden. Du siehst, in deinem Alter verstehst du vielleicht noch viele Dinge nicht, und das ist auch gut so! Zum Beispiel ist ein Mensch nicht nur so, wie er aussieht, auch wenn es dir vielleicht klar ist. Es gibt tatsächlich zahlreiche Adjektive, die man berücksichtigen muss und die alle wenig oder nichts mit dem Aussehen zu tun haben. Attraktivität zählt und ist zweifellos wichtig, aber... Nun: Es ist nicht der einzige Faktor, der zählt. Es gibt eine Reihe von kleinen Dingen, die für jeden von uns anders sind und die eine Person in unseren Augen stratosphärisch oder magisch machen können.

Wenn du dich durch das Verhalten und die Handlungen von jemandem auf eine bestimmte Art und Weise geschätzt, erwünscht und begehrt fühlst... Dann könntest du demjenigen nahe sein, der der Richtige für dich ist. Stimmt, in Worten lässt sich das sehr leicht sagen. Deshalb solltest du denjenigen, von denen du glaubst, dass sie deiner Aufmerksamkeit würdig sind, eine Chance geben, unabhängig davon, wie sie aussehen. Das ist richtig: Emotionen und Gefühle sollten immer im Zaum gehalten werden. Wenn du aber über tatsächliche Gefühle sprichst, solltest du berücksichtigen, wie du dich fühlst, wenn du in der Gesellschaft eines Typen oder eines Mädchens bist, das alles so viel besser macht. Das ist klar.

## Der Moment zum Handeln

Heile dich, um neu anzufangen oder gib dich einfach zum ersten Mal zu erkennen. Unabhängig davon, was dein Ziel ist, befolge die folgenden Schritte und du wirst bald merken, dass es nicht unmöglich ist, einen Gleichgesinnten zu finden.

1. bevor du dich für jemanden interessierst, studiere sein Verhalten. Wenn die Art und Weise, wie sie handeln, nicht mit deiner Lebensauffassung übereinstimmt, solltest du dich lieber auf etwas anderes konzentrieren.

2. Verliebe dich nicht sofort. Es ist sinnlos, gleich in den ersten Tagen des Dates unverhältnismäßig viel Zuneigung oder Interesse zu zeigen. Drücke dich aus, indem du etwas auslässt, mit Ausgewogenheit und vor allem, indem du die Dinge langsam angehst.

3. Achte auf die Art und Weise, wie sie sich präsentieren. Manche Menschen neigen dazu, sich nach einiger Zeit so zu zeigen, wie sie wirklich sind: vielleicht Tage, vielleicht Monate. Die wahre Natur eines Menschen kann nicht lange in der Schwebe bleiben. Früher oder später kommt sie zum Vorschein.

4. Gib dich nicht sofort zu erkennen, auch wenn du dir sicher bist, dass du starke Gefühle hast. Vergewissere dich zuerst, dass alles auf Gegenseitigkeit beruht.

5. Letzter, sehr wichtiger Tipp: Sprich NIEMALS über deine Schwächen oder Geheimnisse, zumindest nicht am Anfang. Menschen neigen dazu, alles, was du ihnen erzählt hast, gegen dich zu verwenden und Ängste und Unsicherheiten gegen dich einzusetzen. Wenn du magst, kannst du sie hier aufschreiben, damit du dich daran erinnerst, dass bestimmte Dinge, besonders am Anfang, nicht gesagt werden sollten!

# Lernen, um zu verdienen

Heutzutage haben wir ziemlich viel Glück, weißt du? Wenn deine Eltern sagen, dass sie viel geschwitzt haben, um ihr Geld zu verdienen (und in manchen Fällen auch anstrengende Arbeit verrichtet haben), solltest du ihnen besser glauben: Das ist die absolute Wahrheit. OK, vielleicht haben sie nicht mit zwölf Jahren angefangen zu arbeiten, während sie die Welt vor der Geißel des Hungers gerettet haben, aber es ist trotzdem wahr, dass ihre Zeiten im Vergleich zu euren heute extrem schwer zu durchleben waren, und das aus verschiedenen Gründen.

Damit meinst du nicht, dass es im laufenden Jahr extrem einfach ist, einen Job zu finden, auch angesichts der globalen (und vor allem nationalen) Krise, die durch die Pandemie und andere Faktoren verursacht wurde. Dennoch darfst du nicht vergessen, welch große Chance sich dir täglich vor deinen Augen bietet, und zwar unabhängig von deinem Alter und deinen Talenten.
Wir haben schon ein paar Mal über das Internet und seine Nützlichkeit gesprochen - wenn du dich erinnerst, vor allem im Bereich der Mode - also stell dir vor, wie lukrativ und bequem es sein kann, das Netz als Einkommensquelle zu nutzen...

Aber Vorsicht! Denn um als Neuling regelmäßig ein hübsches Sümmchen zu verdienen, braucht es eine Menge! Fangen wir also ganz von vorne an. Lass es uns langsam angehen. Denn es gibt wirklich eine Menge zu sagen!

## Erfahrung kommt mit der Arbeit

Ja, auch um sich auf den Online-Verdienst zu konzentrieren, ist Erfahrung wichtig, und zwar auf eine zweifellos andere Weise als bei Jobs, die eine feste Präsenz am Arbeitsplatz erfordern. Man geht davon aus, dass du im Internet in direkten Kontakt mit der Nachfrage kommst und sehr oft die Möglichkeit hast, dich mit dem Kunden selbst zu unterhalten, um seine Wünsche und Vorlieben kennenzulernen. Es ist ein bisschen so, als würdest du ein Geschäft eröffnen und sehen, wie die Kunden vor deiner Nase ankommen, nur mit einem Unterschied: Du kannst sie alle gleichzeitig zufriedenstellen.

Klingt toll, nicht wahr? Und das ist es auch! Aber wie bereits erwähnt, musst du dich erst einmal ausprobieren und Erfahrungen sammeln. Manchmal ähnelt das Leben einem Pokémon-Spiel, nicht wahr? Je mehr Erfahrung du sammelst, desto stärker wirst du! Und in dieser speziellen Situation kann das Adjektiv "stark" genauso verstanden werden wie "fähig".

Wie kann man also mehr Erfahrung sammeln, die übrigens nachgewiesen werden muss? Man könnte sagen, dass die Regeln in dieser Hinsicht auch für die Online-Arbeitswelt gelten, wenn du sie so nennen willst. Die Kundschaft, für die du vielleicht arbeitest (aber nicht nur die), möchte jemanden an ihrer Seite haben, der "fähig" ist, um ihre Ziele zu optimieren und zu maximieren.

Ein Beispiel: Wusstest du, dass einer der Berufe, die derzeit aussterben, das Schreiben von Artikeln ist, die im Internet veröffentlicht werden? Derjenige, der diese Tätigkeit ausübt, wird "Texter" genannt. Wenn du herausgefunden hast, dass Schreiben deine Leidenschaft ist (um noch einmal zu betonen, dass es sich hier um ein Beispiel handelt), kannst du dich für diese Art von Beruf entscheiden und in den Arbeitsmarkt einsteigen, der diese Aufgabe beinhaltet. Du musst dir jedoch darüber im Klaren sein, dass keine Website - oder kaum jemand - in einen Berufsanfänger investieren wird! Deshalb solltest du zu Beginn deiner Erfahrung anstreben, deine Dienste gelegentlich und kostenlos oder, wenn möglich, gegen ein geringes Entgelt anzubieten. Klingt nicht sehr verlockend, oder? Sich zu verpflichten, **wenig oder gar nichts zu verdienen**, hat sicherlich einen minimalen Reiz, aber eines darfst du auf keinen Fall versäumen: MACHE KURSE!

Dadurch sammelst du Erfahrungen und machst dich in den Augen des Kunden, der über deine Fähigkeiten lesen wird, viel überzeugender.

Das gilt für die meisten Jobs, die du online finden kannst.

Übrigens, warum sehen wir uns nicht einen genaueren Blick auf sie werfen?

## Ghostwriting

Bleiben wir beim Beispiel des Werbetextens und gehen wir davon aus, dass man sich für einen Weg entschieden hat, der mit dem Schreiben zu tun hat. Natürlich kann man mit dem Werbetexten anfangen, Erfahrungen sammeln, die Geheimnisse des Handwerks lernen - denn die gibt es ja - und gleichzeitig einen anderen Job ausüben, der zwar sehr ähnlich, aber nicht ganz dasselbe ist: Ghostwriting.

Aber wer ist der Ghostwriter? Was macht er? Im Grunde genommen, und um es kurz zu machen, ist der Ghostwriter die Person, die im Auftrag des Kunden Bücher schreibt. Es gibt Literaturagenturen, die ein geschultes und professionelles Team von Ghostwritern beschäftigen, denen der Auftraggeber oder die Agentur selbst das Material zur Verfügung stellt, an dem sie arbeiten sollen. Natürlich kannst du auch als Selbstständige/r Ghostwriter/in tätig werden. Solltest du dich dafür entscheiden, **lies diesen Ratschlag gut durch:** Vergewissere dich, dass die Person, für die du arbeitest, dir nicht nur das entsprechende Material schickt, sondern auch bereit ist, die Bezahlung zu stunden. Auf diese Weise kannst du erkennen, dass er kein Betrüger ist (d.h. ein Betrüger, der seinen Kuchen haben und ihn auch essen will) und dass er deshalb bereit ist, dir den Betrag zu zahlen, der dir zusteht.

Denke daran, dass du die Rechte an deinem Manuskript an den Kunden abtreten musst, sobald du es verfasst hast! Das bedeutet, dass du deine Arbeit nicht direkt in Besitz nehmen kannst, sondern dass sie an den Kunden übertragen wird.

Lass uns das genauer erklären. Ein Mann beauftragt dich, einen autobiografischen Text zu schreiben: Er stellt die Informationen zur Verfügung und du schreibst weiter. Sobald er fertig ist, musst du die Rechte an ihn abtreten, damit er als alleiniger Autor des Buches dasteht, um die Zahlung eintreiben zu können. Das ist ein Detail, das für Aufsehen sorgen könnte, vor allem in den Augen derer, die mit dem Werk nicht vertraut sind. Tatsächlich könntest du auch in die Irre geführt werden, aber mit der Zeit gewöhnst du dich daran.

Ah! wie nachlässig! Der Preis: Es ist zwar kein geschriebenes Gesetz, aber Schriftsteller/innen verlangen fast nie weniger als einen Cent pro Wort. Wenn du also ein Buch mit 20.000 Wörtern schreibst, musst du mindestens 200 Euro bekommen!

## Digitalkünstler und Grafikdesigner

Du weißt es vielleicht nicht, aber Menschen mit einer künstlerischen Ader finden ihre Erlösung online. Du musst kein Picasso oder Giotto sein, um den Durchbruch zu schaffen, aber trainiere und pflege deine Leidenschaft für Kunst und/oder Darstellung. Wenn du glaubst, dass du ein Talent zum Zeichnen hast, **scheue dich nicht, einen Auftrag anzunehmen!**

Es gibt viele Menschen da draußen, denen das entsprechende Talent fehlt und die deshalb die Hilfe eines Experten oder eines Amateurs benötigen, der zwar ein Anfänger ist, aber trotzdem ziemlich gut in dem ist, was er tut.

Wenn du dich entscheidest, ein Instagram-Profil zu eröffnen, auf dem du nur deine Zeichnungen postest, wäre das schon ein erster Schritt. Wahrscheinlich kannst du die anfänglichen Schwierigkeiten mit der Sichtbarkeit des Kontos überwinden, wenn du die verschiedenen Hashtags und die entsprechenden Patenschaften nutzt, die von der Anwendung selbst bereitgestellt werden. Sobald du eine gute Anzahl an Followern erreicht hast, kannst du deine Bio bereichern und deine Arbeit bekannt machen, indem du einen Zeitraum für die Annahme von Aufträgen einrichtest. Wichtig ist, dass du nicht zu viele anhäufst, denn jeder Künstler braucht eine angemessene Menge an Ruhe, wenn er sein Bestes geben will! Du kannst um Zeichnungen jeglicher Art gebeten werden, sogar um Ideen für Tattoos; oder, wenn du dich eher als Grafikdesigner/in siehst, bekommst du vielleicht Vorschläge für Buchcover.

## Web-Designer, Blogger

Es handelt sich zwar um zwei unterschiedliche Aufgaben, aber beide können sich gegenseitig ergänzen. Wenn zum Beispiel eine Website nicht richtig funktioniert, besteht die Gefahr, dass du dich auf ihr nicht zurechtfindest und ihre Artikel nicht lesen kannst. Wenn andererseits die Person, die für die Veröffentlichung der Texte verantwortlich ist, nicht auf die Form der Sprache und die Wahrhaftigkeit der behandelten Themen achtet, verliert die Website jede Glaubwürdigkeit. Wenn du dich also auf einen (oder beide) Berufe spezialisieren willst, solltest du diese kurzen und nützlichen Tipps beachten.

Zunächst einmal musst du wissen, was ein Webdesigner ist: Er oder sie ist ein Profi, der das Design und die Benutzerfreundlichkeit der Website perfekt auf alle verfügbaren Technologien abstimmen muss. Natürlich kann er Tools wie Canva und Photoshop nutzen, um Logos und Wasserzeichen auf einem bestimmten Niveau zu erstellen. Das ist keine leichte Aufgabe, denn für die Nutzbarkeit der Plattform sind Computerkenntnisse erforderlich. In dieser Hinsicht gibt es (kostenpflichtige) Online-Kurse, die dich auf den richtigen Weg bringen können.

Wenn du Bloggerin oder Blogger werden willst, solltest du wissen, dass sich der Job nicht sehr von dem einer Werbetexterin oder eines Werbetexters unterscheidet, bis auf eine Besonderheit: Bloggerinnen und Blogger konzentrieren sich in der Regel auf eine bestimmte Nische und machen damit die ersten Schritte in Richtung einer gewissen wirtschaftlichen Unabhängigkeit. Du kannst dich entscheiden, ob du über Mode, Videospiele, Politik oder was auch immer du sonst noch leidenschaftlich gerne machst, berichten willst. Glaube aber nicht, dass es einfach ist, sofort Geld zu verdienen! Es braucht Ausdauer, Hingabe und ein bisschen Geduld. Themen müssen studiert und ausgewählt werden; dazu kannst du das Google Trends-Tool nutzen, das dir bei der Suche nach den beliebtesten Themen in deiner Nische helfen kann (gib einfach ein Stichwort ein und der entsprechende Trend wird angezeigt).

## Mach dich mit Anwendungen sichtbar

Die eben erwähnten Jobs sind vielleicht die am meisten genutzten Jobs im Moment, weil sie die Möglichkeit bieten, aus der Ferne zu arbeiten. Denk aber daran, dass es gut ist, Geld anzuziehen, nicht nur angezogen zu werden! Zum Glück gibt es Apps, die uns dabei helfen! Neben den verschiedenen sozialen Netzwerken gibt es auch Apps wie Upwork und Fiverr, die das Leben eines Freiberuflers (so werden die Fachleute von heute genannt) viel einfacher machen können.

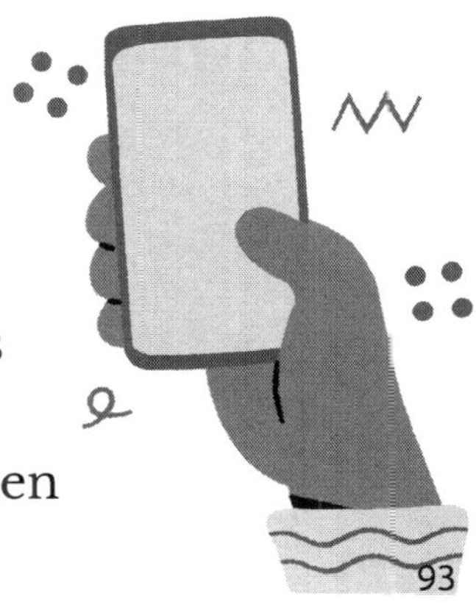

Auf beiden Plattformen musst du nur deinen Lebenslauf und ein Portfolio deiner Arbeit einstellen und die Nische wählen, in der du arbeiten möchtest. Auf diese Weise wählst du nicht nur die für dich am besten geeignete Arbeit aus, sondern kannst dich auch in den Augen potenzieller Arbeitspartner/innen gut sichtbar machen, die, wenn sie von deinem Profil besonders fasziniert sind, dir als erste ein Angebot für eine Zusammenarbeit schicken werden.

Diese Funktion gibt es nur bei Upwork und nicht bei Fiverr!

Beide Seiten sind auf Englisch: Vergiss das nicht!

## Ein bisschen Übung

Vielleicht ist es noch ein bisschen früh, um sich als Profi zu bezeichnen, also ist es am besten, wenn du dich ein bisschen einarbeitest. Folge den Anweisungen und fang an, dir die Füße nass zu machen, wie man so schön sagt. Bist du bereit?

1. stelle sicher, dass du genug Zeit in dein Talent investiert hast, um dich bereit für eine neue Herausforderung zu fühlen.

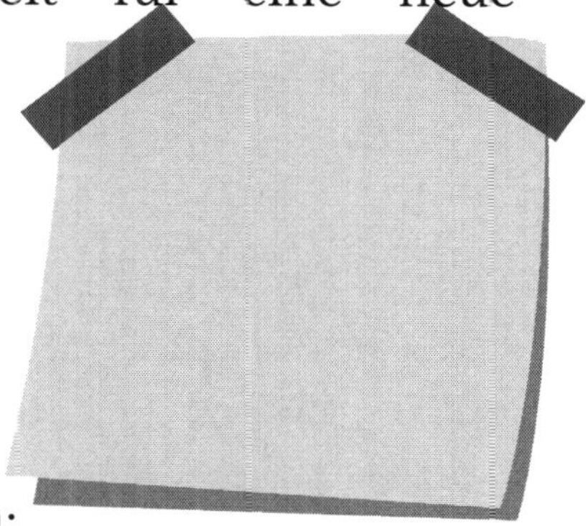

2. Geh einfach ins Internet und suche nach einem Job, den du als freiwillige Arbeit verstanden werden kann oder auf jeden Fall ohne Bezahlung und notiere dir hier die möglichen Kandidaten:

3. Verwende eine App zwischen Fiverr und Upwork, wenn du willst.

4. Gib dem potenziellen Arbeitgeber an, dass du beabsichtigst, zum Sammeln von Erfahrungen zu sammeln und dass jeder Vorschlag willkommen ist. Notiere hier, wer bereit ist, mit dir zu arbeiten und wenn ja, überfliege sie!

Auf diese Weise kannst du deine Erfahrung erweitern. Viel Glück!

# Umgang mit Geld

In der Schule lernst du sicherlich viele Dinge, von denen dir viele im Alltag vielleicht nicht so nützlich sind. Ein Faktor in unserem hiesigen Bildungssystem, den wir vielleicht übersehen, ist der Mangel an spezifischen Fächern, die den Schüler/innen helfen, einige Grundlagen des täglichen Lebens zu verstehen, und vor allem, die ihnen die richtige Richtung weisen, wenn es um Finanzmanagement geht. Das Gute daran ist, dass dies nicht nur für Gymnasien gilt, sondern auch für Universitäten!

Wahrscheinlich hast du noch keine klare Vorstellung von deiner Zukunft und davon, ob du dein Studium fortsetzen wirst oder nicht (wenn du nicht schon Pläne hast, es in naher Zukunft abzubrechen), aber du solltest dir darüber im Klaren sein, dass der Besuch einer Universität dir höchstwahrscheinlich Wissen vermittelt, das du sonst nicht erlangen könntest, aber gleichzeitig wird es dich nicht richtig über bestimmte Umstände aufklären.

Und zwar unabhängig davon, für welchen Kurs du dich entscheidest.

Die Bildungseinrichtung könnte viel besser sein. Manchmal hat man den Eindruck, dass die Oberen uns naiv und ohne jeden Sinn für die Realität haben wollen. Kein Professor kann einen Vortrag darüber halten, wie perfekt das Finanzmanagement eines Menschen ist, angefangen beim Sparen bis hin zum Kauf von Waren.

Aber sei beruhigt! Denn trotz der Tatsache, dass die italienische Bildung dir keinen Ehrenplatz einräumt, um dich in die Finanzverwaltung zu vertiefen, verrät dir das aktuelle Kapitel sozusagen ein paar Tricks, damit du nicht nur deinen Altersgenossen, sondern auch denen, die etwas älter sind, ein Bein stellen kannst (oder sogar zwei).

## Sei vorausschauend

Nein, dies ist kein Ratschlag, wie man ein klügerer Mensch wird, obwohl das Thema.... Das könnte es sein! Bevor du dich in die Lektüre stürzt, solltest du dich an einem ruhigen Ort aufhalten, damit du alles gut verstehen kannst. Es gibt keine komplexen mathematischen Formeln oder Begriffe, die nur ein erfahrener Buchhalter verstehen würde.

Mit "vorausschauend sein" meinst du also, dass du einen gesunden Menschenverstand entwickeln sollst. Nicht mehr und nicht weniger. Der durchschnittliche Italiener gönnt sich mehr als nur vermeidbare Ausgaben, **und am Ende des Monats haben sie kaum mehr als ein paar Cent auf ihrem Bankkonto** (wenn sie eins haben). Was glaubst du, warum das so ist?

Abgesehen davon, dass sie unnötig Geld ausgeben, mangelt es - und hier sind wir ganz allgemein - an einem Verständnis für die Bedeutung von Geld. Jeder sagt schnell, dass Geld wichtig ist, dass Geldscheine und das sogenannte "Kleingeld" das Überleben ermöglichen! Und was dann? Nichts, die Leute machen Ausgaben, die weder Kopf noch Schwanz haben.

Schauen wir uns ein paar Beispiele an.
Wir wissen, dass es richtig ist, sich von Zeit zu Zeit einer Laune hinzugeben, aber es stimmt auch, dass man mit seinen Ausgaben vorsichtig sein und sie nach Möglichkeit **auf ein Minimum beschränken** sollte. Wenn du vorhast, eine Konsole zu kaufen, lass dich nicht von der Euphorie anstecken, sondern warte auf den richtigen Moment. Anstatt in den erstbesten Laden zu gehen, solltest du einen Pakt mit dir selbst schließen und an einem oder mehreren Tagen in der Woche etwas Geld zur Seite legen. Selbst ein einziger Euro ist in Ordnung; schließlich wurde hier niemand mit einem Silberlöffel im Mund geboren (oder zumindest ist das die Hoffnung). Du wirst sehen, dass du im Laufe der Zeit einen immer größeren Notgroschen bekommst, mit dem du die Anschaffung tätigen kannst, die du dir vorgenommen hast. Wir haben zwar von einer Konsole gesprochen, aber es kann alles sein! Glaubst du, dass das Spiel zu Ende ist, wenn du den erforderlichen Betrag erreicht hast? Ganz und gar nicht, denn jetzt kommt der spaßige Teil. Auch wenn die Summe ausreicht, um die Ware zu kaufen, musst du dich unbedingt auf den Weg machen, um einen Laden (auch einen E-Commerce-Laden) zu finden, der den Artikel zu einem niedrigeren Preis verkauft als angenommen. Der Ratschlag lautet, sich niemals auf einen Laden mit einem großen Namen einzulassen oder auf einen, der die Ware, die du suchst, direkt herstellt. Suche nach guten, günstigen Alternativen, auch im Internet. Und wenn du einfach keine Spinne aus dem Loch ziehen kannst, **dann warte, warte auf den richtigen Moment**. Rabatte, Ausverkäufe, Produktabwertungen, Black Friday, Cyber Monday, warte sogar auf die Ankunft religiöser Feiertage wie Weihnachten und Ostern.

Natürlich kann und muss nicht alles sofort gekauft werden! Konzentriere dich deshalb nicht zu sehr auf das, was du sofort haben kannst, sondern auf die Möglichkeiten, die sich bald ergeben werden.

## Sparen ist nicht für jeden etwas

Man sagt, dass Sparen ein schlechtes Geschäft ist. Das mag stimmen, aber es hängt auch von deiner Sichtweise ab, verstehst du? Das Geheimnis liegt nicht darin, bei Produkten zu sparen (denn gute oder gut gemachte Sachen müssen bezahlt werden), sondern in der tatsächlichen Beständigkeit des Gesparten. Lass es uns besser erklären.

Hast du nach dem Einkaufen noch Geld übrig? Einkaufen? Das ist sicherlich eine gute Nachricht! Wie wäre es, wenn du, anstatt dir ein Eis zu kaufen, das übige Geld in ein Sparschwein oder in ein einfaches Gefäß zu stecken? Du weißt schon, eins von denen, die man immer auffüllt, wenn man ein böses Wort sagt! Das ist richtig: Amerikanischer Stil. Nach und nach (und das ist mehr oder weniger dasselbe wie im gleichen Absatz) wirst du die Chance bekommen, die Beute wachsen zu sehen. Aber sei vorsichtig: Verwende sie nicht für etwas, das du vielleicht gerne hättest. Oder vielleicht ist es besser, diese Option für später aufzuheben. Du siehst, unvorhergesehene Ereignisse gehören zum Leben dazu, und so oder so ist es immer besser, sie zu berücksichtigen. Das Geld, das du in dein Sparschwein steckst, könnte zur **Deckung von Ausgaben** verwendet werden, die **nicht vorhergesehen wurden**.

Die Lektion, die du aus dieser kurzen und abstrakten Demonstration ziehen kannst, ist ganz einfach: Geld, das "übrig" zu sein scheint, sollte nicht verschwendet, sondern aufbewahrt werden, um eventuelle Ausgaben zu decken. Leider kann man das nie wissen. Besonders in Italien! Unser Land, so schön es in den Augen von Ausländern auch sein mag, erinnert sich gelegentlich an Dinge, die vierzig oder fünfzig Jahre zuvor passiert sind, und beschließt, sich das zu holen, was ihm - zumindest nach eigenen Worten - nicht gegeben wurde. Es stimmt also, dass auch staatlichen Kontrollen unverzeihliche Fehler unterlaufen, wie z. B. die Entziehung von Erwerbsunfähigkeitsrenten von Menschen, die wirklich solche Probleme haben.

Aber das ist ein anderes Thema.

Der Rat lautet: **Halte immer Rücklagen für Notfälle bereit**, was auch immer sie sein mögen. Sei den Widrigkeiten immer einen Schritt voraus. Selbst wenn das zurückgelegte Geld nicht ausreicht, um einige Verluste auszugleichen, wäre das doch schon etwas, oder? Die meisten Menschen wissen nicht, dass dies eine der besten Möglichkeiten ist, mit Geld umzugehen, denn die Denkweise, nur und ausschließlich an die Gegenwart zu denken, lässt ihnen keinen Raum für die Vorwegnahme einer möglichen (und nicht wünschenswerten) Zukunft.

Und damit kehren wir zum vorherigen Absatz zurück, als wir von Voraussicht sprachen. Die Situation ist vergleichbar mit der der Heuschrecke und der Ameise: Letztere denkt an den Winter zurück und beginnt schon in der warmen Jahreszeit, sich mit Vorräten einzudecken.

## Wenn möglich, bringe ein zusätzliches Opfer

Was soll das heißen? Nun, wenn du gelernt hast, dass Geld nicht verschwendet werden soll, du aber trotzdem etwas damit machen willst, anstatt es zu behalten, dann befolge diesen hilfreichen Tipp. Nun, mehr als Hilfe ist der Ratschlag sowieso nicht, aber wir können ja auch mal Synonyme verwenden, oder?

Wie dem auch sei, du kannst das Geld, das du von verschiedenen Ausgaben übrig hast, verwenden, um andere zu unterstützen und so die Zeit vorverlegen, um einige "Schulden" zu begleichen. Du bist sicherlich noch zu jung, um welche zu haben, aber sei dir bewusst, dass der Tag kommen könnte, an dem du nach dem Kauf eines Fortbewegungsmittels (Auto, Motorrad) und der Entscheidung, es in Raten abzuzahlen, gezwungen bist, regelmäßige Beträge an den Händler zu zahlen. Wir sprechen hier von Motoren, aber das Argument ändert sich nicht, wenn du Häuser, Immobilienagenturen und Mieten ins Spiel bringst. In dem Moment, in dem du erkennst, dass du mehr verfügbares Einkommen hast, warum nutzt du es nicht? Wenn du das tust, kannst du deine Ausgaben leichter tragen und dich auf deine Arbeit und deine anderen Interessen konzentrieren.

Es ist normal, dass du jetzt keine solchen Sorgen hast! Es wäre seltsam, wenn das Gegenteil der Fall wäre. Erinnere dich an den Trick: Wenn du zusätzliches Geld hast, rechne mit einigen Ausgaben.

Nicht zu viele Schulden anzuhäufen, als man bereit ist zu zahlen, ist sicherlich eine "Lektion", die grundlegend sein könnte, aber wenn man darüber nachdenkt, müssten sich viele Menschen nicht mit ihren finanziellen Schwierigkeiten auseinandersetzen, wenn sie so respektiert würden, wie es sein sollte. Was denkst du darüber?

Ja, es ist noch zu früh, um zu verstehen, wie man Geld investiert, aber keine Sorge, vielleicht kann man auch darüber ein Buch schreiben und die vielen Wunder des Geldes entdecken!

## Trainiere dich im Umgang mit Geld

Natürlich darf die Übung nicht fehlen, der nützliche Check, um deinen aktuellen Zustand zu verstehen. Natürlich ist sie auch nützlich, um ihn zu verbessern. Befolge diese Schritte und beobachte die Situation. Wer weiß, wie es dir gehen wird!

1. Wirf einen Blick auf dein Portemonnaie. Unabhängig davon, wie viel Geld du hast (solange es welches gibt!), setze dir das Ziel, einen machbaren Gegenstand zu kaufen. Oder mehrere Gegenstände:

2. Wähle keine Gegenstände oder Waren aus, die zu teuer sind. Wenn du 10 Euro hast, solltest du nicht versuchen, etwas zu kaufen, das 20 Mal so viel kostet!

3. Wenn du gefunden hast, was du willst, suche und warte, bis dein Betrag für den Kauf ausreicht.

4. Wenn du über ein gewisses Einkommen verfügst, z. B. das Taschengeld deiner Eltern, versuche, wöchentlich (oder täglich) einen bestimmten Betrag zu sparen. Notiere regelmäßig den Betrag, den du zur Verfügung hast, und schätze ab, wie lange es dauern wird, bis du ihn kaufen kannst:

5. Wenn dir der Preis für das Haben immer noch zu hoch erscheint, obwohl du den entsprechenden Betrag erreicht hast, versuche, noch etwas länger zu warten, vor allem, wenn es sich um einen Feiertag oder eine Verkaufsperiode handelt.

# Unabhängig sein

Unabhängig zu sein ist alles, wonach man strebt (vielleicht hofft). Niemanden um etwas bitten zu müssen; Dinge aus der eigenen Tasche zu kaufen; einzig und allein auf sein eigenes Handeln angewiesen zu sein, Verantwortung zu übernehmen. Jetzt bist du noch zu jung, um wirklich unabhängig zu sein, sowohl in deinen eigenen Augen als auch in den Augen des Staates, denn du hast die Volljährigkeit noch nicht erreicht! Das heißt aber nicht, dass du keine Tipps und Tricks lernen kannst, die dir diesen Prozess erleichtern. Wusstest du, dass die meisten der heute 20- bis 30-Jährigen noch nicht selbstständig sind? Das könnte man ihnen zum Teil vorwerfen, aber wenn wir dem Cäsar geben wollen, was dem Cäsar gehört, müssen wir feststellen, dass die derzeitige Situation in Italien junge Menschen daran hindert, sich so zu entwickeln, wie sie es gerne hätten.

Das ist sicher nicht unmöglich, aber es ist auch richtig anzunehmen, dass es in dieser Hinsicht Schwierigkeiten gibt, und dass es auch viele sind! Sei jedoch beruhigt: Du hast noch einen weiten Weg vor dir, um dir - vermutlich - Gedanken über eine Zukunft zu machen, die noch ein bisschen zu weit weg zu sein scheint.
Im Hinblick auf ihre Ankunft könntest du dich darin üben, dein Bestes zu geben als junger Mensch, der sich nicht nur in vielerlei Hinsicht verbessern will, sondern auch darauf abzielt, innerhalb einer angemessenen Zeit eine gewisse Unabhängigkeit zu erreichen, um die Schultern und Kassen seiner Betreuer nicht zu belasten.

Dann schärfe deine Augen: Du wirst gleich alles lernen, was du brauchst, um in dieser Welt wirklich unabhängig zu sein!

## Verbringe Zeit mit der Hausarbeit

Unverzichtbar: Es ist wichtig, dass du dir Zeit für die Hausarbeit nimmst, vor allem, wenn du in naher Zukunft das Nest verlassen und in eine neue Realität aufbrechen willst. Keine Panik: Das Erlernen der so genannten "Dienste" mag nur anfangs ungewohnt oder kompliziert sein, weil du dich nicht ausreichend damit auskennst, aber nach ein wenig Übung werden die Handlungen automatisch und du wirst sie ausführen, fast ohne ihnen allzu viel Aufmerksamkeit zu schenken.

Natürlich gibt es Details zu beachten: Das gilt für jede tägliche Aufgabe, die du bald erledigen wirst. Dieser letzte Akt des Buches wird dir bewusst machen, wie viel hinter den Handlungen steckt, die du wahrscheinlich jeden Tag tust.

## Das Bett machen

Fangen wir mit der ersten Sache an, die du am Tag machst. Richtig, die absolut erste Handlung, die du tun solltest, nachdem du dir einen oder zwei Momente Zeit für die Körperpflege genommen hast. Du weißt, was du als Nächstes tust, oder? Richtig, du machst das Bett! Ein Brauch, der von jungen Menschen zunehmend vernachlässigt wird, und man weiß nie, warum! Wenn du alleine wohnst, **kann schließlich niemand die Laken, Bettdecken und Decken aufräumen**, oder? Nun, es liegt an dir, die Dinge selbst in die Hand zu nehmen und es selbst zu tun, so wie es sein sollte!

Wenn du keine Ahnung hast, wie du dein Bett machen sollst, vielleicht weil du dem Akt nicht die nötige Aufmerksamkeit geschenkt hast, mach dir keine Sorgen! Denn du kannst dich leicht selbst dokumentieren und in einfachen Schritten herausfinden, wie man es macht. Zunächst einmal könntest du einen deiner Eltern bitten, dir die notwendigen Schritte zu zeigen. Wenn dir das nicht gefällt, kannst du auch im Internet nach Videos zu diesem Thema suchen, die dir zeigen, wie du alle Schichten des Bettes schnell und effizient anordnen kannst.

Und wenn dir das immer noch nicht reicht... Versuch es mit dieser kurzen Anleitung!

1. Zuerst: Mach das Bett frei. Es darf nichts darauf liegen!
2. Beginne damit, den Matratzenbezug auszubreiten. Du solltest die Matratze ein wenig anheben und darauf achten, dass der Matratzenbezug das ganze Bett faltenfrei umhüllt.
3. Fahre mit dem Auflegen des Lakens fort: Achte darauf, dass es gleichmäßig über die gesamte Matratze verteilt ist.
4. Lege die Decke (Bettdecke, Steppdecke, was auch immer du hast) auf die Matratze.
5. Falte das Laken und die Bettdecke an den Kanten, wo sich das Kopfteil befindet, und klappe sie nach unten.

Du solltest auch das Kopfkissen aufschütteln, damit es bequem aussieht, wenn du dich hinlegst und ausruhst. Es gibt Menschen, die das tun, und solche, die es nicht tun. Versuche herauszufinden, wie du möchtest, dass sich dein Kissen anfühlt, wenn du ins Bett gehst, indem du abwechselnd einen Tag mit einem flauschigen und einen Tag mit einem nicht flauschigen Kissen erlebst. In der Regel bevorzugst du die bequemere Variante für deinen Kopf!

## Die Waschmaschine einstellen

Wie oft hast du das schon jemanden machen sehen? Zehn, hundert, tausend Mal? Das Einstellen der Waschmaschine ist unerlässlich, wenn du immer gut riechende Kleidung haben willst! Natürlich gibt es dabei einiges zu beachten, aber alles in allem ist es viel einfacher, als es aussieht. Als Erstes musst du dir zweifellos einen Tag Zeit nehmen, um deine Wäsche zu waschen, auch weil du die Kleidung nach dem Waschen noch trocknen musst. Wenn du keinen Wäschetrockner besitzt (die kosten zwar kein Vermögen, sind aber trotzdem teuer), ist es eine gute Idee, die Wäsche an einem Ort aufzuhängen, von dem du weißt, dass sie schnell trocknen kann. In manchen Fällen hast du natürlich nur einen Ort zur Verfügung, und ob du willst oder nicht, musst du diesen nutzen.

Waschmaschinen, besonders die modernen, haben Funktionen, die etwas von den altmodischen abweichen. Im Großen und Ganzen funktionieren sie jedoch auf die gleiche Weise, ermöglichen dir aber einen schnelleren Schleudergang als ihre Vorfahren. Am einfachsten lernst du, wie man Wäsche wäscht, wenn du selbst siehst, wie es funktioniert. Du lernst, wie du zwischen verschiedenen Kleidungsstücken unterscheiden kannst und wie du die richtigen Waschmittel (einschließlich Weichspüler) für jedes Kleidungsstück verwendest, das du besitzt.

Im Grunde sollte man nichts anderes tun, als darauf zu achten, dass man helle Kleidungsstücke nicht mit helleren oder dunkleren wäscht, denn sie könnten mit einem Farbstoff verunreinigt werden, der nicht zu ihnen gehört, und so vorzeitig ruiniert werden. Und das wäre zweifelsohne eine Schande. Am besten fragst du deine Eltern direkt und überzeugst sie, dass du die Waschmaschine nur für deine Kleidung einstellen darfst.

Auf diese Weise musst du, wenn du einen Fehler machst (und das kann passieren), nicht so sehr verzweifeln. Oder besser gesagt, ja, du könntest verzweifeln, weil es deine Kleidung ist, aber wenigstens hättest du nicht auch die deiner Verwandten ruiniert! Egal, ob du dir YouTube-Videos zu diesem Thema ansiehst oder es lieber selbst machst, fang auf jeden Fall damit an, die Kleidung zu waschen, die du vielleicht nicht so oft benutzt, nämlich Wäsche. **Dann kannst du üben und dich an etwas anderem versuchen, ohne ein großes Risiko einzugehen.**

## Bügeln: Was für eine Leidenschaft!

Hast du schon einmal in deinem Leben gebügelt? Wenn du es kannst, kannst du beruhigt sein! Bügeln ist sehr wichtig, um deine Kleidung in Topform zu halten, genauso wie das Waschen, wenn du sie noch besser aussehen und riechen lassen willst. Aber wusstest du, dass selbst eine gute Wäsche umsonst ist, wenn sie nicht genauso gut gebügelt wird?

Das wäre wirklich schade! Überleg mal: Du hast deine Kleidung gut gewaschen, sie ist gut getrocknet (vielleicht sogar mit Hilfe des guten Wetters) und alles, was noch zu tun ist, ist sie zu bügeln, um all die lästigen Falten loszuwerden, die einen schlechten Eindruck machen würden.

Wenn du gar nicht wüsstest, wo du anfangen sollst, wäre das ein Problem!

Nun ist es ziemlich schwierig, jemandem anhand eines Buches beizubringen, wie man bügelt, aber beachte Folgendes: **Übe IMMER leichten Druck auf das Bügeleisen aus**. Du willst doch nicht einen schönen Brandfleck auf dem Stoff hinterlassen, oder? Eine unauslöschliche Verbrennung übrigens, denn du würdest ja Teile des Stoffes selbst verbrennen. Und dann, noch etwas Wichtiges: Lass das Bügeleisen laufen. Halte es nicht nur an einer Stelle, sonst machst du einen Fehler von der Größe eines Hauses. Ja, auch dann würdest du den Stoff verbrennen. Kurz gesagt, wenn du nicht tonnenweise Kleidung (und damit Geld) verschwenden willst, denk dran: **leichter Druck und ständige Bewegung**. Wenn du kannst, lass dich von jemandem anleiten, der mehr Erfahrung hat als du und auch ein Freund ist, und vergiss nicht, an Kleidung zu üben, die du nicht mehr wie früher trägst. Vielleicht an denen, die dir zu eng oder zu locker sitzen.

Ah! Das Kleid, das du bügeln willst, muss so auf dem Tisch liegen, dass der Stoff keine Falten wirft. Das gilt für jedes Kleid.

## Geschirrspülen von Töpfe und Pfannen

Der Abwasch hat von Mensch zu Mensch eine unterschiedliche Wirkung. Manche Menschen spüren nichts, wenn sie abwaschen, manche hören dabei lieber Musik, manche singen dabei und manche spüren leider einen bestimmten Eindruck, wenn sie Lebensmittel berühren, die auf dem Porzellan des Tellers oder dem Stahl des Topfes verkrustet sind. Wir sind alle unterschiedlich! Aber ob du es magst oder nicht, das ist eine Hausarbeit, die gemacht werden muss, oder du riskierst, sie zu sehr zu vernachlässigen und die Situation noch schlimmer zu machen, so dass sie gelinde gesagt eklig ist und stinkt.

Also kremple die Ärmel hoch, schnapp dir einen Entfetter und mach dich an die Arbeit. Wenn du Lust hast, kannst du auch Gummihandschuhe anziehen, damit du nicht durch direkten Kontakt mit Lebensmittelresten in Berührung kommst. Achte darauf, dass du einen groben Schwamm und warmes Wasser verwendest, um beste Ergebnisse zu erzielen. Handschuhe schützen auch vor Verbrennungen. Bitte einen deiner Eltern oder einen Betreuer, das Geschirr von Zeit zu Zeit abzuwaschen. Übung macht den Meister! Außerdem könntest du auch nach Tipps fragen, um die Effizienz und die Arbeitszeit zu verbessern.

## Eine letzte Übung

Ja. Es ist tatsächlich die letzte, aber das macht sie nicht weniger wichtig als die vorherigen!

1. Wähle einen der oben genannten Dienste aus, den du tagsüber ausführen möchtest.
2. Versuche, mindestens eine pro Tag zu machen, egal, was es ist. Ab und zu solltest du aber versuchen, dich zu verändern.
3. Wenn du dich bereit fühlst, versuche, alle oben beschriebenen Aufgaben an einem Tag umzusetzen, damit du selbst sehen kannst, wie anstrengend das sein kann. Versuche hier aufzuschreiben, welche der Aufgaben dir am leichtesten und welche am schwersten gefallen sind:

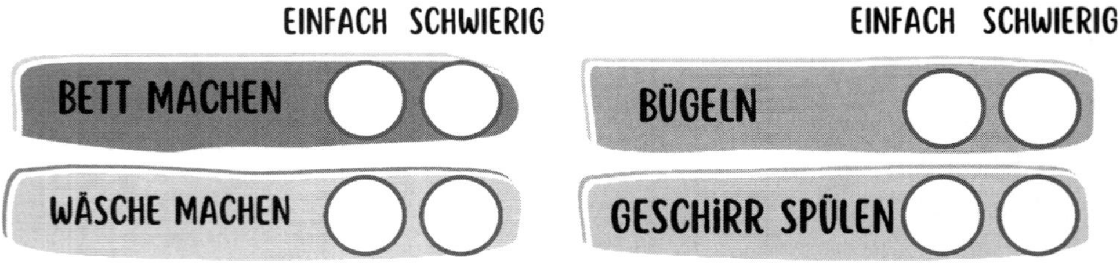


Es gibt noch eine andere Sache, nämlich das **Kochen**. Letzteres muss jedoch von jemandem direkt gelehrt oder zumindest "erprobt" werden. Versuche, Unterricht zu nehmen, damit du ein paar kleine Geheimnisse des Handwerks lernen kannst. Ein Ratschlag: Auch wenn Nudeln eine angegebene Kochzeit haben, solltest du alle **3-4 Minuten ein paar Portionen probieren**, um zumindest zu erkennen, welchen Kochzustand du tatsächlich bevorzugst!

# Schlussfolgerung

Die Ratschläge in diesem Buch werden sich als nützlich erweisen. Jetzt denkst du vielleicht nicht allzu kritisch über deine wirtschaftliche und soziale Stabilität nach, aber eines Tages, und wahrscheinlich schon recht bald, wirst du dich auf deine persönliche Mission konzentrieren und das Leben als erwachsene, reife Person leben müssen, die von niemandem abhängig ist. Viele glauben, dass Freiheit "das Recht ist, sein eigenes Ding zu machen", was absolut richtig ist; aber das ist nicht das Einzige, was mit dem Begriff "Freiheit" gemeint ist.

Wenn du nicht für dich selbst arbeitest, für deine eigenen Ziele, bist du gezwungen, für die Ziele anderer zu arbeiten. Nicht, dass daran etwas auszusetzen wäre, im Gegenteil; wenn du jedoch feststellst, dass die meisten Menschen, die solche Aufgaben erfüllen, alles andere als glücklich und zufrieden mit ihrem Leben sind. Willst du diese Gefühle auch spüren? Oder willst du endlich das Gefühl haben, dass du zur Welt gehörst, ohne auf die Meinungen und Befehle anderer hören zu müssen?

Das... Das könnte die pure Freiheit sein. Schließlich ist die Wahrscheinlichkeit, einem Dritten zu dienen, während du für dich selbst arbeitest, extrem hoch! Aber zumindest wirst du sagen und bestätigen können, dass du dich ausschließlich auf dein eigenes Glück konzentriert und rationale Entscheidungen getroffen hast, um es zu erreichen.

Ja, es ist wahr, du bist noch sehr jung. Du hast noch so viel zu sehen, zu tun und zu verstehen, also ist es richtig, nichts zu überstürzen!

Aber du musst dir darüber im Klaren sein, dass es früher oder später für dein Leben notwendig sein wird, einen großen Schritt zu machen und etwas zu riskieren. So ist das Leben nun mal leider. Wenn du nicht bereit bist, ein Opfer auf den Tisch zu legen, wirst du vielleicht nie bekommen, was du willst. Und mit "opfern" ist gemeint: Zeit, Geld, soziales Leben. Warte nicht darauf, dass Gelegenheiten vom Himmel fallen. Es gibt Glücksfälle, ja, aber erwarte nicht, dass sie dir in Hülle und Fülle über den Weg laufen! Du musst dir selbst Gelegenheiten schaffen. Und wie? Indem du Ergebnisse erzielst, wenn dich niemand anschaut, in den Momenten, in denen du nicht im Zentrum der Aufmerksamkeit stehst. Du kannst es schaffen, du musst dich nur anstrengen und begreifen, dass man silberne Löffel meistens erst kaufen muss, bevor man sie benutzt. Kümmere dich nicht zu sehr um die Leute, die bereits alles serviert bekommen. Schenke ihnen nicht zu viel Aufmerksamkeit. Du weißt auch, dass solche Menschen in extreme Schwierigkeiten geraten, sobald es hart auf hart kommt.

Kümmere dich nicht um sie... "Beobachte und passe". Arbeite deine Ideen aus, sei immer der Mensch, der du sein willst und lass dich durch nichts unterkriegen, egal wie sehr es weh tut. Ob du nun jemanden verlierst oder nicht. Wir werden schließlich allein geboren, und das Interessante ist, dass wir allein gehen werden. Weißt du, was das bedeutet?

Auch wenn unsere Tage durch die Taten und die Anwesenheit anderer stark beeinflusst werden, haben wir die wichtigsten Dinge selbst getan und werden es auch weiterhin tun.

Um es noch einmal zu sagen: Wenn jemand es wagt, dir etwas über deinen Wert zu unterstellen, was tust du dann? Lässt du dich von deinen Emotionen überwältigen oder gehst du mit olympischer Gelassenheit an die Sache heran und zeigst dann, wenn es soweit ist, was du wirklich wert bist? Mitten in der Pubertät ist es durchaus möglich, dass man mit schädlichen Worten und Taten von jemandem konfrontiert wird. Wir sprechen hier nicht von Gewalt, denn jemand, der dir schaden will, muss unbedingt in Notwehr gehandelt werden; wir sprechen von Menschen, die darauf abzielen, einen Mitmenschen zu diskreditieren, ihn in Verlegenheit zu bringen und ihn in eine sehr unangenehme Situation zu bringen. Mit dieser Art von Persönlichkeit umzugehen und gleichzeitig mit Gefühlen und Emotionen umzugehen, ist also alles andere als einfach. Denke immer daran, dass weder die Worte anderer, noch ihre Gedanken dich definieren. Manche mögen denken, dass deine Intelligenz nicht glänzt, verstehst du? Nun, lass sie das denken! Eine Sorge weniger. Wenn es an der Zeit ist, vorzutreten und zu zeigen, wer du wirklich bist, dann trete ohne die geringste Angst vor und zerschlage alles, was dir im Weg steht.

Und schaue nicht zurück.

Tu das niemals.

Rufe dir einfach von Zeit zu Zeit eine Erinnerung ins Gedächtnis, denn es ist unmöglich, jeden Gedanken zu zähmen: Manchmal kommen sie automatisch, ohne dass du es wirklich willst. Ob du nun Fehler gemacht hast oder nicht, akzeptiere sie. Akzeptiere, dass du nicht perfekt gewesen bist und dass du sicher nicht perfekt werden kannst. Erinnere dich aber daran, dass du Fehler korrigieren und deine Individualität deutlich verändern kannst, was dich dem Prototyp näher bringt, der du sein willst und musst, um einen bestimmten Tenor zu erreichen.

Wirst du fallen? Natürlich. Du wirst fallen. Jeder fällt. Und daran ist nichts auszusetzen. Weißt du noch? Versuche es und versuche es, versuche es und versuche es wieder, bis du Erfolg hast, oder zumindest, bis du auf eine bessere Art und Weise scheiterst, und dann mache eine Pause, denke darüber nach und entscheide erneut, wie du handeln willst. Schäme dich nicht für gescheiterte Versuche, sondern lerne, sowohl den Ruhm als auch den Kummer für dich zu behalten. Alles bekommt eine tiefere Bedeutung, wenn es nicht öffentlich gemacht wird, wenn du es nicht der ganzen Welt zeigst, sondern nur den Menschen, von denen du weißt, dass sie sich für dich interessieren. Egal, wie sich die Dinge entwickeln, ob zum Guten oder zum Schlechten, halte an deinen Idealen fest und verrate sie aus keinem Grund der Welt, denn sobald du dich selbst und das, woran du glaubst, verrätst, wirst du kaum zu der Person zurückkehren können, die du einmal warst.
Es ist eine Kette.

Diejenige, die dich einzigartig macht, das ist diejenige, die du niemals unterbrechen darfst.

Printed in Poland
by Amazon Fulfillment
Poland Sp. z o.o., Wrocław

28027865R00067